diálogos entre coaches

Patricia Almeida, Veronica Esteves e Roberta Amaral

diálogos entre coaches

COMPARTILHANDO SESSÕES REAIS, APRENDIZADOS, SUCESSOS E DESAFIOS

ALTA BOOKS
EDITORA
Rio de Janeiro, 2019

Diálogos entre Coaches
Copyright © 2019 da Starlin Alta Editora e Consultoria Eireli. ISBN: 978-85-508-0719-5

Todos os direitos estão reservados e protegidos por Lei. Nenhuma parte deste livro, sem autorização prévia por escrito da editora, poderá ser reproduzida ou transmitida. A violação dos Direitos Autorais é crime estabelecido na Lei nº 9.610/98 e com punição de acordo com o artigo 184 do Código Penal.

A editora não se responsabiliza pelo conteúdo da obra, formulada exclusivamente pelo(s) autor(es).

Marcas Registradas: Todos os termos mencionados e reconhecidos como Marca Registrada e/ou Comercial são de responsabilidade de seus proprietários. A editora informa não estar associada a nenhum produto e/ou fornecedor apresentado no livro.

Impresso no Brasil — 1ª Edição, 2019 — Edição revisada conforme o Acordo Ortográfico da Língua Portuguesa de 2009.

Publique seu livro com a Alta Books. Para mais informações envie um e-mail para autoria@altabooks.com.br

Obra disponível para venda corporativa e/ou personalizada. Para mais informações, fale com projetos@altabooks.com.br

Produção Editorial Editora Alta Books **Gerência Editorial** Anderson Vieira	**Produtor Editorial** Juliana de Oliveira Thiê Alves **Assistente Editorial** Ian Verçosa	**Marketing Editorial** marketing@altabooks.com.br **Editor de Aquisição** José Rugeri j.rugeri@altabooks.com.br	**Vendas Atacado e Varejo** Daniele Fonseca Viviane Paiva comercial@altabooks.com.br	**Ouvidoria** ouvidoria@altabooks.com.br
Equipe Editorial	Adriano Barros Bianca Teodoro Carolinne Oliveira Illysabelle Trajano	Keyciane Botelho Larissa Lima Laryssa Gomes Leandro Lacerda	Livia Carvalho Maria de Lourdes Borges Paulo Gomes	Raquel Porto Thales Silva Thauan Gomes
Revisão Gramatical Hellen Suzuki Thamiris Leiroza	**Diagramação** Luisa Maria Gomes	**Capa** Larissa Lima		

Erratas e arquivos de apoio: No site da editora relatamos, com a devida correção, qualquer erro encontrado em nossos livros, bem como disponibilizamos arquivos de apoio se aplicáveis à obra em questão.
Acesse o site www.altabooks.com.br e procure pelo título do livro desejado para ter acesso às erratas, aos arquivos de apoio e/ou a outros conteúdos aplicáveis à obra.

Suporte Técnico: A obra é comercializada na forma em que está, sem direito a suporte técnico ou orientação pessoal/exclusiva ao leitor.

A editora não se responsabiliza pela manutenção, atualização e idioma dos sites referidos pelos autores nesta obra.

Dados Internacionais de Catalogação na Publicação (CIP) de acordo com ISBD

A447d	Almeida, Patrícia
	   Diálogos entre Coaches Compartilhando sessões reais, aprendizados, sucessos e desafios / Patrícia Almeida, Roberta Amaral Andrade, Veronica Esteves de Carvalho. - Rio de Janeiro : Alta Books, 2019.
	   192 p. : il. ; 16cm x 23cm.
	   Inclui bibliografia, índice e anexo.
	   ISBN: 978-85-508-0719-5
	      1. Coaching. I. Andrade, Roberta Amaral. II. Carvalho, Veronica Esteves de. III. Título.

2019-1707	CDD 658.3124 CDU 658.310.845

Elaborado por Vagner Rodolfo da Silva - CRB-8/9410

Rua Viúva Cláudio, 291 — Bairro Industrial do Jacaré
CEP: 20.970-031 — Rio de Janeiro (RJ)
Tels.: (21) 3278-8069 / 3278-8419
www.altabooks.com.br — altabooks@altabooks.com.br
www.facebook.com/altabooks — www.instagram.com/altabooks

Dedicatória

À nossa amiga e companheira nesta jornada, Roberta Amaral Andrade, que nos presenteou com seu conhecimento, seriedade e discernimento ao longo deste livro. Trouxe, com humildade e sabedoria, aprendizados e desafios em sua caminhada como coach, ajudando pessoas na realização de seus sonhos.

Agora no plano espiritual, Roberta deixa seu legado para que outros coaches contribuam com a sociedade.

Aqui fica marcada a nossa história, que juntas construímos com muita dedicação, fazendo dessa relação de amizade e profissionalismo um registro único daquilo que pudemos compartilhar.

Sem sua grande contribuição ao longo de todo período de construção, este livro não teria este estilo, este formato, este conteúdo.

Seremos gratas para sempre e dedicamos este livro especialmente a você!

As Autoras

As autoras se conheceram na formação em coaching pelo Erickson College e, desde então, tornaram-se amigas e vêm fazendo diversas parcerias profissionais. As três têm formações, experiências e perfis distintos, o que as torna complementares e enriquece a colaboração e o aprendizado entre elas. O compartilhamento de valores e propósitos fez com que se unissem para o desafio de escrever este livro.

Patrícia Almeida

Acreditando que o trabalho é uma das melhores fontes de expressão da potencialidade humana, tem como missão ajudar pessoas e organizações a identificarem e desenvolverem seus talentos através de projetos alinhados aos valores e propósito de cada um, buscando contribuir para maior realização do indivíduo e seu papel junto às organizações e sociedade. Atua em processos de coaching executivo e de carreira, facilitação de treinamentos e desenvolvimento pessoal, consultoria de carreira e escolha profissional atendendo clientes de diferentes áreas e setores.

Mestre em administração pela Fundação Escola de Comércio Álvares Penteado — FECAP, especialista em gestão de pessoas pela FGV, qualificada em MBTI pela Fellipelli, formada em Coaching pelo Erickson College e pela Sociedade Brasileira de Coaching, membro da ICF — International Coaching Federation.

Vivência corporativa com mais de 14 anos de experiência atuando em diferentes áreas em empresas nacionais e multinacionais de grande porte.

https://www.linkedin.com/in/patriciasalmeida/

Veronica Esteves de Carvalho

Por acreditar no potencial humano, apoia o desenvolvimento de pessoas, grupos e organizações, atendendo suas necessidades e objetivos. Encontra seu propósito possibilitando pessoas e grupos a olharem para si e para o mundo de maneira ampla e integrada, em um processo de autoconhecimento, carregado de sentido e valor. Traz consigo a ideia de que todo ser humano é capaz de atingir e desenvolver recursos e potencialidades para superar desafios em busca da melhor versão.

ACC, Professional Certified Coach, e membro da ICF, International Coaching Federation, formada em Coaching pelo Erickson College. Possui MBA em Administração de Empresas com ênfase em RH na FGV-SP. Especializada em Psicologia Existencialista e Graduada em Psicologia.

Atua como consultora de desenvolvimento de pessoas, líderes e equipes, como coach e psicóloga clínica. É facilitadora de treinamentos. Desenvolve, implanta e coordena programas na área de RH e atua com recrutamento e seleção, assim como desenvolvimento e promoção de talentos.

https://www.linkedin.com/in/veronica-esteves/

Roberta Amaral Andrade

Teve como objetivo fazer a diferença na vida das pessoas, inspirando-as e motivando-as a alavancar um próximo nível de excelência pessoal e profissional, indo em direção ao propósito de vida e aos valores de cada um, e colaborar com o autoconhecimento e crescimento para trazer satisfação. Utilizou para isso a própria experiência pessoal, acadêmica e profissional em diversas áreas e culturas.

Economista formada pela UFF (Universidade Federal Fluminense), pós-graduada em gestão de negócios e governança corporativa. Executiva com mais de 20 anos de experiência desenvolvida em empresas multinacionais de grande porte, em diferentes áreas estratégicas, com experiência no mercado europeu.

Em 2014 decidiu deixar a carreira executiva para contemplar a vida de uma forma diferente, mais voltada para o "ser", o bem-estar e o autoconhecimento.

Coach formada pelo Erickson College, membro da ICF — International Coaching Federation.

Interculturalista, membro do comitê de direção da Sietar Brasil (Society for Intercultural Education, Training and Research), com formação na SISU e UCI. Treinadora Intercultural para executivos, famílias e como voluntária para migrantes e refugiados. Também atua como consultora em gestão de negócios, governança executiva e corporativa.

www.linkedin.com/in/roberta-amaral-andrade

Agradecimentos

Vínculos nos unem, nos permitem estabelecer conexões, laços afetivos de aprendizado contínuo e mútuo. A cada encontro novas descobertas, gratidão e reconhecimento pela possibilidade efetiva de transformações e crescimento constante.

Somos gratas por podermos ter em nossa trajetória professores e mentores que nos inspiraram e nos fizeram amar e cuidar do espaço que o coaching nos propicia.

Aos colegas coaches que passaram por nossas vidas, seja por um dia, um ano ou mais, com quem aprendemos a cada compartilhamento de experiências.

Aos nossos coachees, que além de nos ensinar muito, nos mantêm motivadas diante de seus desafios e conquistas. Sem eles este livro não existiria, não teríamos o conteúdo para os casos que citamos.

E a todos aqueles que estiveram mais próximos de nossa caminhada nos apoiando, incentivando e nos ajudando a construir este trabalho.

Em especial a Fernando Rios, que esteve conosco inspirando e apoiando esta caminhada.

À Carolina Riveros, que se dispôs a fazer uma leitura prévia e comentários valiosos que nos impulsionaram.

À Vera Martins pelo incentivo e encorajamento na publicação deste livro.

À Claudia Feitosa Santana pela troca de conhecimento.

À Yolanda Leite, Raissa Lumack, Marcia Sales Longaretti e Flavia Feitosa pela parceria na leitura, sugestões e depoimentos sobre o livro.

À nossa família, que direta ou indiretamente nos ofereceu suporte acreditando em nossos potenciais.

Prefácio

Outro dia, ouvindo em uma rádio a entrevista de um músico, ele falava sobre sua primeira experiência ouvindo Tom Jobim. O resumo foi certeiro: "Eu conheci um novo universo." Isso me levou a pensar sobre o universo e todas as teorias a respeito de seu surgimento e concluir que, como tudo antes de existir, era um vazio e precisou de um primeiro passo, uma vontade que fosse. Daí em diante tudo é universo: universo das músicas, das danças, dos sentimentos e até o das menores partículas, os átomos. Os universos são infinitos, e este livro trata do universo do coaching, uma atividade profissional relevante que por várias formas ajuda as pessoas a entenderem seus vazios e darem os primeiros passos na criação de seus universos individuais desejados. O coaching inclui vários universos, como o das cores, o das formas, das palavras, das metáforas e, claro, o da criatividade, aqui explorado através de questionamentos inspiradores que as autoras propõem aos leitores, tornando este livro uma belíssima ferramenta de desenvolvimento pessoal e profissional. Com muita habilidade e leveza, as três autoras compartilham seus conhecimentos técnicos e experiências profissionais, abrindo possibilidades para que possamos viajar entre o conteúdo e a prática do coaching. Nas próximas páginas, você poderá perceber com clareza as duas ciências que mais têm crescido no mundo, a exploração do espaço e a neurociência, através das competências essenciais apresentadas em casos reais vivenciados pelas autoras, somadas à abertura de perguntas e exercícios para que nós, leitores, exploremos nossos próprios universos de conhecimentos e criatividade; tudo isso com muita capacidade e inspiração trazidas de suas vivências e da atuação da International Coach Federation — ICF, principal órgão regulador da profissão no mundo. Muito agradecido à Veronica Esteves, à Patrícia Almeida e à Roberta Amaral Andrade pela oportunidade de poder escrever este depoimento e por permitirem a leitura deste livro inspirador. A você, caro leitor e cara leitora, desejo uma ótima viagem neste universo de exploração de ideias e que você possa interagir com este livro e com as autoras para seu próprio desenvolvimento.

Fernando Rios Andrade
Coach profissional e sócio da E-Humano

Sumário

Introdução 1

Capítulo 1: Fundamentos e Diretrizes 5

    O que é coaching? 5

    Ser coach 7

    Outros tipos de serviços que se diferenciam do coaching 8

    Sobre a palavra coach 13

    Competências de um coach 13

    1. Estabelecendo os fundamentos 14

    2. Cocriando relacionamento 15

    3. Comunicação efetiva 15

    4. Facilitando o aprendizado e resultados 16

Insights e reflexões sobre as competências 17
Empatia e comunicação 23
Explorando valores 27
Além dos valores 30

Capítulo 2: Complexa Dinâmica Humana 35

Quando aprendemos? 41
Avançando em direção ao futuro 47
Emoções e sentimentos 51
Crenças 54

Capítulo 3: Casos Práticos 59

Catarina: Para onde estão caminhando coach e coachee 61
Pedro: Por que eu quero fazer coaching? 65
Ana: Apoiando o cliente a encontrar suas respostas 67
Joana: Criando confiança e empatia 71
Paula: Adaptando-se ao estilo do cliente 73
Maria: Declarando as intenções e resultados 77
Adriana: Conhecendo a necessidade do cliente 79
Maíra: Quando o cliente quer uma orientação do coach 81
Pierre: Quando o cliente já sabe a resposta,
mas ainda não se deu conta 83

Antônio: A percepção do coach colocada de forma despretensiosa e imparcial 85

Carlos: Coaching como instrumento de autoconhecimento ... 87

Roberto: Coaching como processo de descoberta e escolhas 91

André: Quando o cliente não sabe o que quer trabalhar na sessão 95

Felipe: Ajustando a rota 97

Simone: Buscando o valor? Será? 99

Andreia: Lidando com as expectativas 101

Marília: O melhor resultado é do cliente 103

Cátia: Inspirando pessoas em direção a um futuro almejado 105

Sofia: Criando um quadro mental de resultados 107

Robson: Abertura de espaço para novos aprendizados 111

Fernando: Melhor do que evoluir nas competências é ressignificá-las 113

Luiza: Quando a emoção aflora 115

Márcia: Centrando-se no cliente 117

Priscila: Apoiando a cliente na visualização do futuro 119

Nossas Reflexões e Considerações 122

Estado e estilos de clientes 123

Capítulo 4: O Coaching do Coach 129
    Revendo nossos valores 131
    Propósito de vida 135
    Ressignificando Crenças Limitantes 136
    Curtigrama 138
    Autoavaliação 139
    Plano de desenvolvimento 141

Epílogo: Como Foi Escrever o Livro 145
Referências Bibliográficas 147
Anexo 151
Índice Remissivo 165

Introdução

Por que decidimos escrever o livro? Nosso propósito é contribuir com profissionais da área de coaching, por meio da exposição de casos reais que vivenciamos no início de nossa trajetória, destacando nossos desafios e aprendizados em cada situação. O objetivo é compartilhar experiências que proporcionem reflexões e um novo olhar sobre questões que surgem durante os processos de coaching.

O coaching possui uma ampla variedade de estudos e literaturas que permite ao profissional o constante aperfeiçoamento. Entretanto, sabemos da importância de estudar e analisar situações reais, casos práticos que funcionam como complemento essencial para o desenvolvimento do coach, em que a teoria ganha na prática uma consolidação e um estilo próprio.

Desafios são enfrentados ao se iniciar os atendimentos de coaching. Há muito o que descobrir frente à realidade que se começa a vivenciar. As experiências que um coach tem com o cliente são inéditas, tornando cada sessão única.

Apesar de, durante nossa formação como coaches, participarmos de tríades ou peer coaching para aprendizado nas sessões, o que aprendemos na teoria não espelha na prática a totalidade do que observamos quando estamos atendendo um cliente após a conclusão do curso. De início parece fácil quando entendemos como funciona, mas quando vamos para a vida real é bem diferente. Por isso, ao longo da carreira os grupos de estudos, mentorias e supervisões são recursos que favorecem o aprimoramento e, principalmente, o desenvolvimento do profissional.

Frente a tantas diversidades de contextos e temas trazidos para as sessões, os profissionais são instigados continuamente. Diante da multiplicidade de cenários, o coach sente necessidade de trocar experiências que possam ajudá-lo a descobrir outras possibilidades para condução de suas sessões, desenvolver novos olhares para novas questões, aprender e evoluir neste processo de reciprocidade.

Muitos questionamentos surgem após as sessões: "Será que estou fazendo certo?", "Será que poderia ter feito diferente?" Essas e outras indagações tornam-se frequentes. Todos os coaches, inclusive os mais experientes, têm seus momentos de "poderia ser melhor". Para os mais experientes, o tempo se torna seu maior aliado nesta jornada, fazendo com que se sintam mais à vontade e vivenciem com mais naturalidade todo o processo.

> **Foi na presença desses questionamentos constantes, permeados pela solidão de não poder compartilhar casos com outros profissionais a todo o momento, exceto em supervisões e mentorias, o que nos motivou a escrever este livro.**

Começamos esta obra balizando e definindo o que é coaching; o papel do coach, diferenciando esse trabalho de outros tipos de serviços; e, ainda, delimitando e analisando as competências necessárias ao profissional de coaching.

Em seguida, abordaremos temas relacionados à essência do ser humano que exercem papel relevante no desenvolvimento e alcance de objetivos. Foram temas que trouxeram reflexões importantes ao longo de nossos atendimentos.

Compartilhamos, na Parte 3 do livro, através de casos práticos, nossas atuações e vivências como coaches, destacando desafios e conduta profissional, baseadas nas competências para nossa atuação.

O contexto de cada caso apresentado neste livro é real; porém, dados foram alterados para assegurar a manutenção do sigilo e confidencialidade dos coachees, como nome, função, gênero e alguns dados que permitiriam a identificação das pessoas envolvidas.

Para finalizar, dividimos com vocês, leitores, alguns exercícios com o objetivo de apoiá-los no autodesenvolvimento.

Em várias partes do livro você encontrará espaço para suas anotações e insights. Abriremos perguntas para que possa fazer suas reflexões e considerações, pois acreditamos serem relevantes para o processo de aprendizado e desenvolvimento.

Esperamos que apreciem conosco esta jornada.

Capítulo 1

FUNDAMENTOS E DIRETRIZES

O que é coaching?

"Coaching é uma parceria entre o Coach (profissional treinado para entregar o processo de coaching) e o Coachee (pessoa que passará pelo processo de coaching), em um processo estimulante e criativo que o inspira a maximizar o seu potencial pessoal e profissional, na busca do alcance dos seus objetivos e metas através do desenvolvimento de novos e mais efetivos comportamentos." (Fonte: ICF 2012)

A origem da palavra coach vem do esporte, que significa treinador, tendo este o papel de ensinar e dar instruções. Ao longo do tempo esse conceito evoluiu, e Tim Gallwey, em seu livro *O Jogo Interior de Tênis*, sugere que a melhor contribuição como treinador não é ensinar, e sim ajudar os alunos a desenvolverem seu próprio processo de aprendizado. O esporte é uma boa analogia para entender o coaching, uma vez que representa a superação de limites e o aproveitamento máximo da potencialidade humana.

Nessa mesma linha, Whitmore afirma:

"A essência do coaching é liberar o potencial de uma pessoa para maximizar seu desempenho e ajudá-la a aprender em vez de ensiná-la."

Para o autor, o coaching trabalha com a ideia de responsabilidade individual:

"A responsabilidade é também crucial para o alto desempenho. Quando aceitamos, escolhemos e assumimos a responsabilidade por nossos pensamentos e nossas ações, nosso compromisso aumenta e assim também nosso desempenho."

Todo processo de coaching deve ser de responsabilidade do cliente, sem que nós, profissionais, precisemos oferecer a ele conselhos e direcionamentos.

Usado em qualquer âmbito da vida, seja pessoal ou profissional, a perspectiva do coaching é tirar o alvo do problema, focar o presente-futuro e um objetivo SMART (eSpecífico, Mensurável, Alcançável, Realizável e Temporal) traçado pelo cliente.

Para nós, o coaching potencializa a capacidade das pessoas para atingir um resultado almejado, gerando consciência, sempre dentro de um propósito maior. É um trabalho de cocriação, inspiração e interação entre coach e coachee para a criação de resultados baseados em valores do cliente e fortalecimento deles. Um processo que torna o cliente protagonista de sua história.

Ser coach

Coach é o profissional que inspira o cliente em direção a uma nova maneira de ser e pensar; sobre novas possibilidades e tomada de decisão. É aquele que acompanha o cliente no caminho da conquista, engajados para o futuro.

O papel do coach não é construir resultados para seus clientes, mas despertar os recursos que há dentro de cada um dos coachees e servir de facilitador para que ele encontre o caminho rumo à sua meta. Portanto, o coach oferece espaço para que cada um possa ter consciência de suas habilidades e desenvolver outras tantas, liberando pensamentos e sentimentos emaranhados e acelerando o desenvolvimento pessoal. O profissional auxilia na expansão e crescimento das pessoas ao oferecer possibilidades de o coachee encontrar novas respostas, ampliando sua capacidade de criar alternativas e fazer escolhas, gerando, assim, comportamentos mais assertivos.

Portanto, os coaches estão sempre em sintonia fina com os movimentos do cliente, têm a responsabilidade de criar ambiente relacional e de cocriação na qual o coachee possa usar sua energia, ideias e potenciais para encontrar a sua própria solução. Como coaches, vemos cada ser humano como o melhor especialista de sua vida, dotado de todas as chaves das quais precisa para se desenvolver.

O profissional não necessariamente precisa ter conhecimento específico e prévio daquilo que o coachee lhe traz como desafio. Seu papel é despertar e acompanhar o cliente ao longo de sua caminhada, por meio da conscientização e responsabilização.

Outros tipos de serviços que se diferenciam do coaching

No que difere o coaching de outras formas de serviços utilizados para desenvolvimento de pessoas e grupos, como treinamento, consultoria, mentoria e terapia?

Em termos gerais, a principal diferença entre os serviços é a metodologia usada e o objetivo que cada cliente busca. Muitas vezes, ele não consegue identificar qual melhor trabalho a ser feito. É muito importante entender sua necessidade para que possamos fazer a indicação correta de um trabalho profissional que supra suas demandas.

Vamos a algumas definições:

Treinamento é oferecido como aquisição de conhecimentos ou desenvolvimento de competências por meio de estudo, experiência ou ensino. O facilitador, por definição, é um especialista, e o treinamento provavelmente focará habilidades e resultados específicos, oferecendo respostas e soluções. Seu objetivo é transmitir conhecimento a partir de processos e técnicas já estabelecidas.

O trabalho de consultoria visa um diagnóstico focado no problema relatado, para que o consultor possa oferecer um parecer e dar soluções acerca de um assunto ou especialidade. O consultor fornece conhecimento especializado na busca de soluções para problemas que vêm sendo vividos, relacionados a algo que começou no passado e continua no presente.

Mentoria, assim como todo processo de aconselhamento, tem como objetivo a orientação. Cabe ao mentor aconselhar, compartilhar e transmitir experiência. Normalmente é feito por um profissional sênior, considerado possuidor de conhecimento em uma determinada área. Na maioria das vezes, o mentor é alguém que vai dar "dicas" de como desenvolver e crescer pessoal e profissionalmente. Assim como no treinamento, o mentor diz qual é o caminho a percorrer, algo que não acontece no coaching.

A terapia foca questões psicológicas, que apenas o profissional capacitado pode realizar. A razão para uma pessoa buscar ou ser indicada a fazer terapia normalmente é superar algum sofrimento ou desconforto emocional que viveu ou esteja vivendo e que interfira no seu caminhar frente à vida. O encaminhamento para terapia é justificado, ainda, quando há distúrbios e transtornos psíquicos específicos.

A visão sobre psicoterapia durante muito tempo esteve associada a problemas, doenças e busca de "cura". Isso se deve ao fato de ter surgido em ambiente médico, psiquiátrico e ter sido construída sobre conceitos como doença psíquica, traumas, impulsos agressivos, entre outros.

Atualmente, algumas frentes de psicoterapia trabalham de forma a ocuparem-se de questões do passado, do presente e futuro e a olhar as fortalezas do ser humano, reforçando as emoções que funcionam como um protetor para enfrentamento das situações da vida. Nesse aspecto, coaching e psicoterapia se assemelham, criando uma linha muito tênue entre ambos que requer atenção e cuidado.

Por ser mais focado, o processo do coaching costuma ser mais rápido e envolver as pessoas de forma objetiva no estabelecimento de alvos bem definidos, assim como na identificação de metas.

O coaching não tem como objetivo treinar, oferecer um parecer ou soluções prontas; o coach não é amigo, conselheiro, terapeuta e nem professor. Um coach não apadrinha nenhum de seus clientes. Não opina, não julga, não diagnostica e nem analisa. E mais, não está focado no problema e nem se preocupa com questões do passado.

Todo processo de coaching é espaço de aprendizado. É ferramenta de desenvolvimento e busca alavancar soluções.

Um cliente que entra em um processo de coaching deve ter o entendimento de que é responsável por criar as suas próprias decisões e resultados. O relacionamento de coaching, de nenhuma maneira, deve ser interpretado como aconselhamento, seja psicológico ou de outra natureza. O compromisso e a responsabilidade do coach é oferecer espaço e estar presente para as questões do coachee, auxiliando-o em sua caminhada.

Para melhor entendimento, a Figura 1.1 representa as diferenças entre esses serviços — consultoria, treinamento, mentoria, terapia e coaching — no que diz respeito a três principais vertentes:

a) **Linha do tempo:** Atuação no passado e/ou futuro.

b) **Atuação:** Foco somente na solução ou visita o problema para encontrar a solução.

c) **Protagonismo:** A construção da solução acontece pelo profissional ou pelo cliente.

Fundamentos e Diretrizes

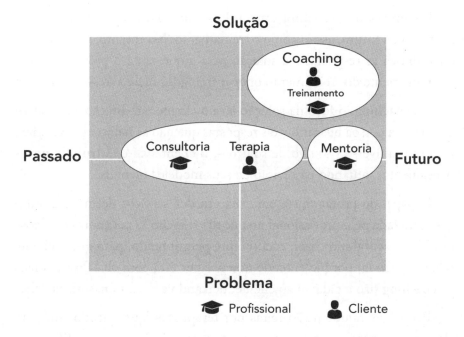

Figura 1.1: Principais diferenças entre serviços
Fonte: As autoras

A consultoria, assim como a terapia, trabalha com questões do passado para encontrar soluções para o presente-futuro. Seu foco pode ser o resgate do problema para a criação da solução. Na consultoria, o responsável por desenvolver a solução é o profissional, o consultor. Já na terapia, quem encontra a solução é o cliente.

Na mentoria, o processo visita o problema com foco em encontrar respostas, sempre olhando para o objetivo no futuro. O profissional, mentor, é quem oferece as respostas.

Já o processo de coaching atua na busca de solução olhando para a expectativa de futuro, assim como o treinamento. No entanto, no coaching, quem busca as respostas e a solução para a questão é o próprio cliente, diferentemente do treinamento onde o treinador oferece respostas.

No coaching, o foco na solução leva o cliente em direção ao positivo e permite à pessoa buscar outras respostas que não as habituais. Ao criarmos esse universo positivo de soluções, o cliente vai construindo novos pensamentos, atuando na revisão de seus modelos mentais.

O papel do protagonista em cada um dos serviços define a abordagem utilizada pelo profissional no que diz respeito às perguntas e respostas. Nesse sentido, o coach está sempre perguntando, para que o cliente fale e responda, porque entende que o saber está com ele. Profissionais de coaching dão a palavra ao cliente, deixando a decisão nas mãos dele.

Perguntas também são feitas por terapeutas, que questionam para abrir espaço para que o cliente encontre sua própria resposta, diferentemente do que ocorre com mentores e consultores.

Na mentoria e consultoria, quem pergunta é o cliente, que está procurando uma resposta, e quem responde é o mentor e consultor, que conhece o caminho e oferece soluções. O mentor fala com o cliente para responder às questões dele. Da mesma forma, todo consultor é contratado porque tem a resposta.

Portanto, é papel do coach ter consciência do campo de atuação de cada profissional para identificar e orientar o cliente de acordo com suas necessidades, atuando assim em concordância com a ética profissional.

Sobre a palavra coach

Além dos mal-entendidos que podem ocorrer entre o trabalho do coach e o de outros profissionais, vale ressaltar que a palavra coach é muito ampla, usada em diferentes âmbitos, pode ser interpretada de diversas formas e normalmente é pouco compreendida. A amplitude da palavra dá abertura para que seja utilizada de diversas formas; todos podem se dizer coaches e dar a definição que convier. Neste momento, o termo se encontra bastante banalizado e utilizado sem critério, prometendo solução para questões que deveriam ser tratadas por outro profissional, o que presta um desserviço para a classe e para a sociedade.

Neste livro, dialogaremos com o coaching que provoca soluções, gera consciência e traz aprendizado ao coachee, sendo ele o próprio autor de suas resoluções.

Qual sua opinião sobre isso?

Competências de um coach

A atuação de um coach deve estar pautada por competências e um código de ética que permitirão uma relação na qual o cliente se sentirá respeitado, seguro e aberto para buscar possibilidades, desenvolvimento, soluções e resultados.

A International Coach Federation (ICF) é a principal organização global dedicada ao avanço da profissão de coaching. Atua como órgão regulador da profissão e certificador de programas de capacitação em coaching, sendo o único que oferece certificação independente, reconhecida mundialmente, para profissionais. Pautada por um rigoroso código de ética,[1] a ICF visa preservar a integridade da profissão de coaching,

---

[1] https://www.icfbrasil.org/codigo-de-etica

estabelecendo também as competências principais[2] de um profissional da área, que usamos como referência neste livro.

A ICF desenvolveu 11 competências principais divididas em 4 grupos. Faremos aqui um resumo desses grupos, e ao final do livro você as encontrará na íntegra, assim como o link para o site da Federação. As competências podem ser atualizadas e nossos comentários foram feitos com base na última versão (18/12/2008) disponível no momento da publicação.

Vale ressaltar que estas competências têm como objetivo possibilitar maior compreensão sobre as habilidades e abordagens usadas na profissão, assim como equilibrar o nível dos treinamentos para formação dos profissionais.

1. Estabelecendo os fundamentos

Cabe ao coach:

> » Compreender e aplicar apropriadamente a ética e os padrões em todas as situações. Para isto, encontra-se no site da ICF o Código de ética e as diretrizes

> » Expressar claramente a diferença entre coaching e outras profissões (consultoria, psicoterapia, mentoria...), assim como sugerir, quando necessário, que o cliente busque um profissional de outra área.

> » Compreender as necessidades e as prioridades do coachee e verificar se um processo de coaching poderia atender às suas demandas.

---

[2] https://www.icfbrasil.org/downloads/competencias-principais-da-ICF-2012.pdf

» Chegar a um acordo quanto ao processo e à forma de relacionamento, definindo as responsabilidades dos dois lados, bem como aspectos práticos, como logística, agenda etc.

2. Cocriando relacionamento

É responsabilidade do coach:

» Estabelecer relacionamento natural de apoio, confiança e co--criação, estando presente e aberto durante o processo permitindo que o coachee avance e encontre suas próprias respostas e soluções, dentro de um ambiente seguro.

» Mostrar preocupação genuína pelo bem-estar e futuro do cliente. Demonstrar respeito pelas percepções, pelo estilo de aprendizagem e pela maneira de ser do cliente.

» Encorajar novos comportamentos e ações

» Oferecer segurança ao coachee quando fortes emoções surgirem.

» Pedir permissão ao cliente para trabalhar no coaching áreas novas, sensíveis.

» Usar a sua própria intuição para trabalhar com o cliente e o humor para criar leveza e energia.

3. Comunicação efetiva

Todo coach deve:

» Estar presente para o coachee, para a agenda dele, ouvindo ainda suas preocupações, metas, valores e crenças e sobre o que é e o que não é possível.

» Encorajar, aceitar, explorar e reforçar a expressão de sentimentos, percepções, preocupações, crenças, sugestões, etc. por parte do cliente.

» Fazer perguntas que revelem as informações necessárias para o benefício máximo do relacionamento de coaching e para o cliente.

» Comunicar-se de forma eficaz e direta, e usar a linguagem que tenha o maior impacto positivo possível no cliente.

4. Facilitando o aprendizado e resultados

Cabe ao coach:

» Integrar e avaliar com precisão as múltiplas fontes de informação, e fazer interpretações que ajudem o cliente a criar conscientização.

» Investigar, identificar preocupações do cliente, além de compreender e respeitar as formas que o coachee tem de ver a si mesmo e o mundo que o cerca, seus pensamentos e sentimentos subjacentes.

» Permitir que cliente possa descobrir novas formas de pensamentos, crenças, percepções e emoções que vão ao encontro daquilo que deseja alcançar e de ações através de insigths significativos para o coachee.

» Criar, com o cliente, oportunidades para o aprendizado contínuo: ajudar o cliente a definir ações que irão permitir que ele se manifeste, pratique e aprofunde novos aprendizados.

» Averiguar oportunidades vinculadas as metas do coaching envolvendo, estimulando e desafiando o cliente a explorar ideias e soluções alternativas, para avaliar opções e tomar decisões. Incentivar tomada de iniciativas por parte do cliente, fornecendo apoio e encorajando esforços e desafios, desde que em um ritmo confortável de aprendizado.

» Desenvolver e manter um plano de coaching eficaz com o cliente: consolidar informações, criar junto do cliente um plano com resultados (SMART), desenvolver metas e pontos de sucesso do plano, sempre dentro das áreas de aprendizado ajudando o coachee a ter acesso a recursos de aprendizagem e desenvolvimento. Quando necessário fazer ajustes.

» Gerir Progresso e Responsabilização: manter a atenção no que é importante para o cliente, rever e ajudá-lo a se organizar, porém, deixando com ele a responsabilidade de realizar a ação.

» Estar aberto a comportamentos e ações de ajuste e mudanças de direção, definindo um contexto para o que está sendo discutido e onde o cliente deseja chegar.

Insights e reflexões sobre as competências

Fazemos aqui uma pausa para que você, leitor, possa, a partir das competências, refletir sobre a importância de seu papel e trabalho junto ao cliente.

Você usa essas competências como norteadores do seu trabalho?

Em que essas competências o ajudam?

Quais os benefícios dessas competências para o processo de coaching? E para seus clientes?

Sugerimos essas reflexões antes de dar continuidade à leitura.

As 11 competências da ICF devem ser vistas como um movimento no qual uma ação permeia a outra, fazendo do coaching um processo poderoso.

Figura 1.2: Competências de coaching
Fonte: As autoras

Vejamos:

Explorar, junto do cliente, o que ele está querendo da sessão ou do processo como um todo permite que façamos acordos, respeitando o que é importante para ele e garantindo assim seu comprometimento e responsabilização frente aos resultados traçados.

A contratação, dentro de um processo de coaching, a nosso ver, tem dois aspectos: o contrato, escrito e assinado no início do trabalho, e os acordos verbais estabelecidos entre o profissional e o cliente.

Fazemos essa distinção pois entendemos que contrato diz respeito às regras estabelecidas entre as partes para garantir a ética e permitir que o cliente conheça as regras, número de sessões, tempo determinado para cada sessão, faltas, cancelamentos, horários, distinções entre coaching e outros processos, enfim, questões burocráticas que permeiam o trabalho e das quais todos devem estar cientes. É a formalização das regras claras.

Vimos que uma das premissas do coaching é estar presente junto ao cliente e ajudá-lo a estabelecer o foco — declaração da atenção e intenção — que será priorizado na sessão, sempre pautado no respeito e no modelo de mundo em que o coachee se apoia. Esse acordo verbal é estabelecido entre ambas as partes no início do processo e a cada sessão a ser realizada.

Quanto mais focados e específicos os acordos, melhor. A formulação de um acordo sobre o foco da sessão só tem poder de transformação e ação quando a intenção e o alvo estiverem bem explorados e delimitados. Esse alinhamento é mais que definir a agenda da conversa, algo muito importante para o sucesso da sessão. Ele favorece clima de apoio, sintonia e confiança, além de criar o *flow* da sessão. Demonstra que realmente nós, coaches, nos importamos e vemos valor naquilo que o coachee nos traz. Revelam ainda, o cuidado do coach com a forma como o cliente quer usar seu tempo e possibilita que ele concentre ao máximo sua energia no foco da sessão e seja inteiramente ativo e participativo, além de permitir que o cliente se responsabilize pelos resultados estipulados por ele mesmo e pelas ações que irá criar no período daquela conversa.

Aqui é importante fazer uma distinção entre foco e meta. Um cliente quer ser promovido de cargo dentro da sua empresa. Essa é sua meta. Muito provavelmente ele não sairá no final do processo (dez ou doze sessões) com essa promoção. Mas o que ele quer explorar? Como ele quer caminhar na sessão, para que alcance essa meta? Quais resultados quer obter ao longo do processo de coaching?

Podemos perguntar: "Quais seriam os primeiros passos que você gostaria de alcançar em direção a este objetivo?"

Alguns podem dizer: "Trabalhar minha liderança, meus relacionamentos internos ou identificar minhas fraquezas como gestor e criar ações para superá-las." Perguntas abertas ajudam o cliente a definir o foco que será trabalhado em determinada sessão em direção à meta.

É comum o cliente chegar cheio de pensamentos e sentimentos que ao verbalizar o ajuda a entender, aprofundar e verificar o valor do que ele realmente vai querer para aquela sessão.

Em uma conversa de coaching, coache e coachee devem estar presentes explorando, criando clareza sobre o que o cliente quer, aprofundando significados, onde vai chegar, como quer chegar, estabelecendo e medindo para si indicadores de resultados a serem alcançados. Tudo isso faz parte do que chamamos de acordos verbais.

Perguntas de contratação são feitas ao longo da sessão, não apenas no momento inicial. É sempre válido verificar continuamente o valor da conversa para o cliente e averiguar se estão no caminho certo e se a maneira como ele deseja seguir está de acordo. E ainda, averiguar se o foco continua presente demonstrando respeito ao cliente, criando vínculo de confiança para a cocriação da sessão.

Aprofundar questões trazidas pelo cliente, olhar além da superfície, ajudar o coachee a criar consciência e a estabelecer suas próprias medidas de sucesso permite ao coachee desenvolver planos de ações verdadeiros. Vale aqui dizer que as medidas de sucesso são criadas pelo e para o próprio coachee. Elas não são desenvolvidas para nós, coaches, avaliarmos se tivemos ou não sucesso com nosso cliente.

O grau de presença do coach está intimamente ligado à sua capacidade de ouvir ativamente, comunicar-se de forma direta, sincera e transparente para que mantenha, junto ao cliente, o foco da sessão. Isso significa que, para estar presente, o coach deve sair da conversa com ele mesmo, seus próprios pensamentos, sentimentos e julgamentos e entrar na conversa e no mundo do coachee. Uma demonstração de presença é quando ele escuta e resume ou parafraseia (repete as palavras ou resume) o que o coachee está dizendo, respeitando seu ritmo, formas de aprendizado e necessidades.

Essa presença e escuta permitem ao profissional fazer perguntas instigantes que:

» Favorecem esclarecimentos.

» Podem gerar consciência no coachee.

» Permitem sair do estado que o coachee está em direção ao futuro.

Além da presença e escuta, a comunicação efetiva direciona o coach a saber:

» O que colocar para o coachee? Perguntas abertas e fechadas declarando entendimentos, avaliações, interpretações e eventuais sugestões.

» Como colocar para o coachee? Colocar percepções e sentimentos de forma objetiva, respeitosa, com tom de voz adequado, permitindo a fluidez na comunicação.

» Quando fazer colocações? O momento certo para fazer devidas intervenções. Não interromper, respeitar o silêncio e não encher o coachee de perguntas.

» Para quê? Qual a intenção do coach quando ouve e ao falar algo, parafrasear, resumir e perguntar? Garantir clareza e movê-lo para frente.

Dentro dessa comunicação, é possível que o profissional de coaching possa falar e trazer para a sessão o que percebe, sente e entende. O coach pode interpretar, resumir, concluir e parafrasear para que o coachee possa validar e valorizar (ou não) as percepções do coach. Porém, essa fala interpretativa do coach não pode vir carregada de julgamento e não deve ser tida como uma verdade absoluta, e sim como algo a ser compartilhado e conversado com o cliente. Essas colocações vêm com um pedido de permissão e como mais uma opção que cabe ao coachee aceitar ou não.

Por exemplo, diz o coach:

"Estou percebendo que falar de modo calmo é uma forma de respeito e isso é importante para você, estou correta?"

É importante deixar o coachee dizer se a colocação do coach faz sentido para ele ou não. Essa é uma atitude respeitosa com o cliente, uma vez que deixa o coachee tirar a melhor conclusão dentro do leque de possibilidades abertas.

Cabe ao coach, ao ser questionado, "devolver a bola" em forma de uma nova pergunta para o cliente. Se um cliente pergunta:

"O que você acha que devo fazer em relação a...?"

É válido respondermos com uma nova pergunta, como, por exemplo:

"O que você acha que eu faria?" ou "Se você fizesse essa mesma pergunta para você, o que responderia?".

Sugestões em demasia podem impedir a pessoa de fazer suas próprias escolhas, rompendo com o espaço proposto de gerar consciência e aprendizado. Pode ainda atrapalhar o exercício do cliente em encontrar a própria solução, através de seus recursos internos, algo crucial para seu desenvolvimento.

Coaches existem para ajudar o cliente a expandir ideias, ir adiante daquilo que já tem concebido. Quando o coach fala demais, corre o risco de sair de seu papel e cair na posição de um consultor, mentor ou treinador, quebrando a conexão de confiança e parceria entre ele e seu cliente.

Da mesma maneira, coaches ajudam os clientes a pensar no seu plano de ação, ou seja, em quando e como fazer o que estão se propondo.

Mais uma vez, quem define as ações e se compromete com elas é o coachee. Nós, coaches, apenas fazemos perguntas investigatórias, verificamos se as metas são SMART e propomos ao cliente estabelecer suas medidas de sucesso, auxiliando o coachee a entender o que ele precisa para realizar o que está se propondo e como vai garantir a execução. Coach apoia o cliente na definição dos indicadores de sucesso para aquilo que ele quer obter.

Temos que ressaltar que essas habilidades descritas nas competências profissionais de um coach são treinadas ao longo de sua trajetória até que se tornem genuínas, permitindo que o profissional esteja cada vez mais presente e inteiro para seu cliente, respeitado sempre seu estilo como coach, o processo e os acordos estabelecidos entre ambos.

Empatia e comunicação

Empatia é uma palavra muito utilizada atualmente, porém, muitas vezes, mal-interpretada e mal-compreendida. Devemos ter o cuidado para não confundir empatia com simpatia.

O Dicionário Michaelis define empatia como: "Habilidade de imaginar-se no lugar de outra pessoa. Compreensão dos sentimentos, desejos, ideias e ações de outrem." E simpatia como: "Afinidade entre duas ou mais pessoas pela semelhança e proximidade de sentimentos e pensamentos. Relação estabelecida entre duas pessoas que, por sentimentos afins, sentem atração mútua e espontânea..."

Ter empatia significa compreender sob a perspectiva do outro, através dos olhos do outro e não através dos nossos olhos. Estar conectado com o outro, mantendo um olhar e uma escuta sem julgamento nem crítica.

O sofrimento de uma pessoa não pode doer mais em quem está escutando-a do que nela mesma; nesse caso isso deixa de ser empatia e passa a ser piedade. Olhar pelos olhos do outro é tentar entender o nível do sentimento do outro sem voltarmos para nós, para como nós nos sentiríamos na mesma situação. Vale ressaltar aqui que sentimentos e emoções não se medem, não se comparam. É impossível afirmar "eu sou mais feliz que você" ou "meu sofrimento foi maior que o seu".

Um exemplo: vamos à casa de uma pessoa que tem uma geladeira muito antiga que funciona muito mal. Para nós, ter uma boa geladeira é muito importante, então deduzimos que isso pode gerar grande tristeza no outro, sem mesmo questioná-lo. Talvez, se questionássemos, poderíamos nos surpreender se o fato de não ter um ventilador o incomoda muito mais do que a geladeira que não funciona bem.

Um outro exemplo que ocorreu comigo, mas não em uma sessão de coach: uma pessoa estava com mal de Alzheimer e ainda com problemas sérios de locomoção; pensei como ela deveria estar sofrendo e triste, e sofri com isso, doeu muito em mim. Um dia ela me diz: "Sou muito feliz, estou envelhecendo e essas coisas são normais. Além disso, tenho minha família comigo, poderia sem muito pior." Emocionei-me e essa foi minha maior lição de falta de empatia.

Entender e praticar a empatia genuína nem sempre é fácil, mas é de extrema importância na atuação do coach, seja para aplicar as competências, principalmente a presença e a escuta ativa, assim como para utilizar os conceitos da CNV (comunicação não violenta) e a compreensão empática da ACP (abordagem centrada na pessoa).

Em seu livro, *Comunicação Não Violenta (CNV)*, Marshall Rosenberg nos explica uma metodologia para resolução de conflito através de uma comunicação eficaz, pautada em quatro pilares:

» Observar, interpretar sem fazer juízo de valor.
» Falar de sentimentos e não de opiniões.
» Expressar necessidades ou valores e não estratégias.
» Fazer pedidos e não exigências ou ameaças.

Os princípios da CNV são muito valiosos tanto para relacionamentos pessoais quanto para os profissionais. Em um processo de coaching, a aplicação desses conceitos pode trazer resultados positivos, seja para o próprio coach, no seu desenvolvimento, na sua atuação e na vivência das competências; para a relação coach e coachee; ou para a potencialização do resultado do processo quando o coach aplica a técnica em suas perguntas instigantes. Essa metodologia permeia e pode ser útil em todas as competências.

Observar, interpretar sem fazer julgamento, assim como evitar o autojulgamento, é essencial para que o coach mantenha um nível de presença e escuta ativa adequados durante as sessões e em todo o processo. O não julgamento é também muito importante para garantir comunicação direta.

Algumas vezes interpretamos e julgamos as declarações dos clientes com a nossa perspectiva, sem uma empatia legítima. Por exemplo, o cliente declara que acaba de se separar, pensamos: "Ele deve estar sofrendo." Provavelmente o coach tem esse sentimento, pois ele próprio ou alguém próximo a ele sofreu ao se separar. A partir daí, a presença e a escuta ativa já estão abaladas e essa conclusão pode direcionar as perguntas subsequentes. Se o coach, antes de concluir, tivesse explorado um pouco mais, talvez descobrisse que o cliente estava aliviado, feliz, e não sofrendo, pois vinha vivendo um relacionamento abusivo.

O autojulgamento, além de afetar o nível de presença, tem impacto na autoconfiança do coach e na escuta ativa. Quem nunca assumiu que o cliente não estava gostando do processo, pois atrasou ou cancelou a sessão? Ou, durante uma sessão, deixou de escutar o cliente e se viu pensando em qual será a próxima pergunta a fazer ou que ferramenta utilizar para que o cliente tenha um melhor resultado, em vez de estar 100% presente com o cliente?

Muitas vezes, percebemos que o coachee tem crenças limitantes e que, com os princípios da CNV, podemos fazer perguntas que o levem a repensá-las, olhando para o tema de outra forma, reavaliando sem conceitos preestabelecidos. Por exemplo: "Meu chefe não gosta de mim, por isso não evoluo na carreira." Para levá-lo a reavaliar: "O que o faz pensar isso? Do que ele gosta?"

Pensando no segundo e no terceiro pilares da CNV, falar de sentimentos e expressar necessidades e valores em vez de dar opiniões tem impacto positivo e direto na escuta ativa. Os sentimentos estão diretamente ligados aos valores e atrás deles existem as necessidades. Quando o coach identifica, seja através da linguagem verbal ou não verbal, os sentimentos expressos pelo coachee e os explora junto com a elucidação de seus valores, ele o ajudará a descobrir suas necessidades mais genuínas.

Outra competência que também pode ser impactada é a comunicação direta. Não julgar, ser claro e transparente com o cliente, pedir licença para falar e fazer pedidos claros nos ajudam a vivenciá-la.

Explorando valores

Descobrir o que dá real sentido à nossa existência e que nos move é muito importante para nos mantermos motivados na busca de nossos sonhos e objetivos.

Explorar valores é fundamental para a construção da missão, propósito, visão, além de facilitar a identificação deles. Uma vez conhecidos, se faz necessária uma verificação de que nosso propósito de vida está alinhado com nossos valores.

Um processo de coaching para ser transformador, profundo e sustentável deve explorar os valores do cliente. É necessário identificá-los a fim de entender o verdadeiro sentido da realização de seu objetivo.

Pessoas são motivadas de diferentes formas. Ao identificar no cliente aquilo que o move, criamos empoderamento e clareza do que realmente vale a pena como realização.

Mas o que é valor?

Segundo Richard Barrett, "valores são um método simplificado de descrever o que é importante para nós individual ou coletivamente em qualquer momento do tempo". São simplificados porque podem normalmente ser entendidos em uma palavra ou frase curta como, por exemplo, honestidade, liberdade, amizade, perseverança, coragem, entre outros. Além disso, os valores não são fixos, eles podem mudar conforme as necessidades do momento.

Segundo o autor, "nossos valores sempre são um reflexo do que nós consideramos serem nossas necessidades..." e atendê-las significa se sentir seguro e feliz. Quando o cliente procura um processo de coaching, ele está buscando atender às suas necessidades, que podem ou não ser identificadas no seu discurso. Devemos "investigar" valores para que o cliente tenha motivação e força suficientes para realizar seu objetivo.

Barrett identificou sete níveis de desenvolvimento, que teve como base o trabalho de Abraham Maslow (Tabela 1). À medida que evoluímos no tempo e na idade, tendemos a evoluir também no nível de desenvolvimento. Por exemplo, quando bebês, valorizamos a sobrevivência; quando crianças, valorizamos a segurança e o amor; quando adolescentes, valorizamos o reconhecimento e assim por diante.

A questão é que quando o adulto não conseguiu atender às necessidades nos níveis mais baixos desenvolverá crenças que dificultarão alcançar níveis mais elevados. Por exemplo, uma pessoa muito bem-sucedida que teve sérias dificuldades financeiras quando criança estará sempre em busca de estabilidade financeira, mesmo que esta não seja mais necessária no momento atual. Cabe ao coach apoiar seu cliente, questionando possíveis crenças limitantes que estejam impedindo-o de avançar em direção ao seu objetivo, assim como buscar identificar o que realmente é importante e que não se deve abrir mão.

Valor possui um significado próprio estando relacionado a cada pessoa, vinculado às suas experiências de vida, representando a essência de cada indivíduo. Através deles se estabelece o caminho e o alinhamento para realização do sentido. Descobrimos aquilo que nos impulsiona e mantemos a motivação frente aos desafios para alcance de nosso propósito, enriquecendo o mundo e a nós mesmos com o nosso agir.

Tabela 1.1: Sete níveis de consciências

Tipos de necessidades	Níveis de desenvolvimento	Exigências da necessidade
NECESSIDADES DE CRESCIMENTO	Serviço	Satisfazer sua necessidade de deixar um legado — ter vivido uma vida com significado que será lembrada
	Fazer a diferença	Satisfazer sua necessidade de realizar seu propósito influenciando ou impactando o mundo ao seu redor
	Coesão interna	Satisfazer sua necessidade de autenticidade e encontrar significado e propósito para sua vida
	Transformação	Satisfazer sua necessidade de autonomia, liberdade e independência
NECESSIDADES DE BÁSICAS	Autoestima	Satisfazer sua necessidade emocional de ser reconhecido pelos outros como tendo valor ou importância devido às suas habilidades, talentos ou qualidades
	Relacionamento	Satisfazer sua necessidade emocional de pertencer, ser protegido e estar conectado
	Sobrevivência	Satisfazer suas necessidades fisiológicas de segurança — permanecer vivo e manter seu corpo saudável

Fonte: BARRETT, Richard. Organizações Dirigida por Valores — Liberando o potencial humano para performance e lucratividade. São Paulo: Elsevier, 2014

Além dos valores

Uma conversa de coaching é estabelecida a partir de uma estrutura que permita a exploração e definição de um acordo, gerando valor, ações e comportamentos, além de celebração das conquistas alcançadas. Essa estrutura deve permear a conversa para que a sessão gere resultados transformadores e sustentáveis. Além disso, é um recurso para que o coach consiga manter a conversa exploratória e manter-se consciente do caminho que está percorrendo com seu cliente.

Um recurso que apoia e facilita a estruturação da conversa de coaching é o modelo de níveis lógicos, construído por Robert Dilts. Esse modelo permite separar a ação da pessoa, ou seja, uma pessoa não é o seu comportamento. Os níveis lógicos formam uma hierarquia na qual cada nível é, sob a ótica psicológica, mais abrangente e poderoso.

Os níveis lógicos são expressos nas seguintes categorias:

a) **Meu legado:** Explora visão e propósito. (Para quem mais?)

b) **Quem eu sou:** Explora identidade, missão. (Quem?)

c) **Meu sistema de valores:** Explora valores e significados. Permissão e motivação. (Por quê?)

d) **Minhas capacidades:** Explora estratégias e estados. Mapas e planos. (Como?)

e) **O que faço ou fiz:** Explora comportamentos específicos. Ações e reações. (O quê?)

f) **O meu ambiente:** Explora estímulos externos. Restrições e oportunidades. (Onde? Quando?)

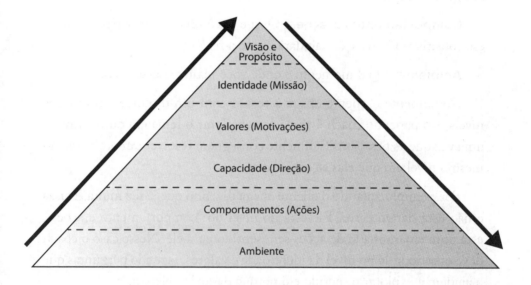

Figura 1.3: Níveis lógicos
Fonte: As autoras, adaptado de DILTS, Roberts; Epstein, Todd A.

Exemplificando perguntas de coaching em cada um dos níveis lógicos:

Visão: Quem serão os beneficiados se você realizar seu objetivo?

Identidade: Quem você se tornará quando atingir esse objetivo? O que mudará em você? O que isso diz sobre você?

Valores: Por que isso é importante para você? Por que você quer mudar? O que mudará em sua vida? O que mudará em você?

Capacidade: Quais competências são necessárias para atingir esse objetivo? Quais competências você precisa desenvolver? Como pretende atingir esse objetivo?

Comportamentos e ações: O que você precisa fazer para realizar esse objetivo? Quais ações ajudarão você a realizá-lo?

Ambiente: Qual momento e onde você realizará essa ação?

Comumente o cliente chega à sessão com um discurso em um dos níveis, e o papel do coach é ajudá-lo a explorar o tema em outros níveis, uma vez que as pessoas dificilmente conseguem resolver um problema no mesmo nível em que elas se encontram.

Por exemplo, quando o cliente chega dizendo que já fez muitas coisas e não está dando certo. Ele está no nível do "comportamento e ações", está num emaranhado de ações sem sentido para ele. Nesse caso o coach deve questioná-lo no nível da identidade e valores, fazendo perguntas que o ajudem a explorar o sentido e o porquê daquele objetivo.

Se o cliente diz que quer mudar, quer se tornar uma pessoa diferente, ele está no nível da identidade e não consegue transformar essa ideia em ações e comportamentos que viabilizem essa transformação. O coach pode fazer perguntas sobre comportamentos e ações necessárias para tornar essa nova identidade uma realidade.

Vale ressaltar que quando o coach faz perguntas nos primeiros níveis está estimulando a criatividade, busca de novos caminhos e novas respostas. Quando faz perguntas descendo para os níveis mais baixos, está organizando essas novas ideias para que surjam ações viáveis de acordo com o que o cliente quer ter resolvido em sua vida.

Esse modelo pode permear a conversa em qualquer momento do processo e da sessão, seja para definição de objetivo, reflexão sobre o real valor envolvido naquela sessão ou na definição de plano de ação, apoiando sempre o cliente a acessar temas sob uma perspectiva abrangente.

Capítulo 2

COMPLEXA DINÂMICA HUMANA

Quando falamos de ser humano e trabalhamos com ele, é necessário um entendimento profundo sobre seu complexo funcionamento e dinâmica para que possamos acessá-lo e contribuir com seu desenvolvimento.

Olhar para o ser humano de forma ampla e integrada, suas emoções, história, vivências, objetivos e valores, garante um melhor entendimento de cada um. Uma visão mais aberta e apreciativa dos potenciais, das motivações e das capacidades da pessoa é essencial para a construção de ambientes de aprendizagem e de mudanças profundas.

O homem está em constante transformação e interpreta de forma distinta os fenômenos que ocorrem a cada momento ao longo de sua história. Isso porque diversas variáveis, internas e externas, atuam em frações de segundos e fazem com que cada um pense e responda à vida de forma diferente.

Cada indivíduo é singular e possui uma visão, missão, valores e propósitos específicos e únicos, mesmo que não conscientes. Suas experiências particulares vividas ao longo de sua trajetória vão dando sentido à sua existência, guiando a forma que cada um tem de se posicionar no mundo, tomar decisões e encontrar suas próprias soluções de maneira singular. Um complexo movimento que proporciona seu próprio desenvolvimento e autoconhecimento.

Viktor Emil Frankl, psiquiatra, fundador da escola da logoterapia, afirma que todo ser humano é dotado de possibilidades, que podem ser desenvolvidas e transformadas em atos conscientes e responsáveis. Em nossa essência, conscientes de nossa missão e de quem somos, acreditamos e realizamos ações para transcender os problemas. Quando assumimos a responsabilidade pelas nossas ações e escolhas, também assumimos o poder de criarmos a solução dentro da nossa maneira de enxergar o mundo.

"Velejar não é simplesmente deixar o bote correr ao sabor do vento que o 'impulsiona'; a arte de velejar começa (...) quando se está em condições de imprimir à força do vento a direção desejada, podendo-se inclusive dirigir a embarcação contra o vento." (V. Frankl)

Segundo Frankl, as pessoas têm a força necessária para superação:

"Fraqueza de vontade por nascimento é coisa que não existe." Quando há uma resistência ou uma falta de iniciativa para mudança, essas são fraquezas criadas pelo indivíduo.

Seguindo essa mesma linha, ressaltamos Erickson, psiquiatra e estudioso da programação neurolinguística (PNL). Para ele, todas as pessoas são dotadas de todos os recursos que precisam para se desenvolver, tendo internamente a capacidade de resolver quaisquer questões que interferem no fluir de suas vidas e assumir essa responsabilidade para seu processo de transformação e crescimento.

O autor trata de alguns princípios que servem como base para o desenvolvimento e transformação do ser humano, resumidos por Marilyn Atkinson, fundadora do Erickson Coaching International, como a seguir:

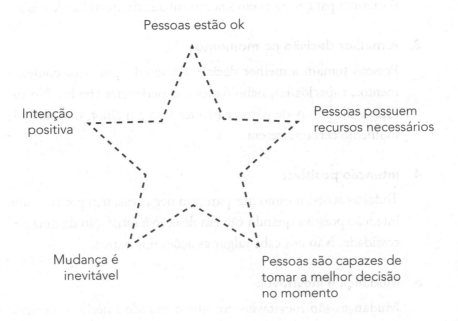

Figura 2.1: Princípios ericksonianos
Fonte: As autoras, adaptado de Marilyn Atkinson.
A Dinâmica Interna do Coaching.

1. **Pessoas estão ok, estão bem:**

   Pessoas são o que são, estão bem como estão e prontas para se transformar. Por isso, entendemos que não precisamos "consertar" ninguém.

2. **Recursos necessários:**

   Pessoas têm dentro de si todos os recursos necessários para mudar e são capazes de mergulhar em seu próprio interior e trazer de lá tudo que precisam para agir no mundo com aquilo que têm de melhor, descobrindo possibilidades de realização e desafiando a si mesmas para avançar em sua caminhada de aprendizado e ação.

3. **A melhor decisão no momento:**

   Pessoas tomam a melhor decisão de acordo com seus conhecimentos, capacidades, habilidades e experiências vividas. No futuro, a decisão pode parecer não ter sido a melhor, mas naquele momento certamente era.

4. **Intenção positiva:**

   Todas as ações, mesmo que pareçam negativas, têm por trás uma intenção positiva quando vão em direção à satisfação de uma necessidade. Não nos cabe julgar as ações dos outros.

5. **Mudança é inevitável:**

   Mudanças são inevitáveis em nosso mundo interior e exterior independentemente da vontade de cada um, nada permanece intacto.

Acreditar nesses princípios significa acreditar no potencial das pessoas, permitindo assim facilitar seu processo de desenvolvimento.

Seguindo esse diálogo, Carl Rogers nos diz:

"Existe em todo organismo, em qualquer nível, um fluxo de movimento profundo em direção à realização construtiva de suas próprias possibilidades."

O autor afirma que todo indivíduo está em constante transformação buscando atender às suas necessidades. Para isso, todos têm potencial suficiente para tomar as melhores decisões em direção ao que é melhor para si.

"Toda pessoa tem uma capacidade natural de se autodirigir no sentido de tentar suprir suas necessidades. Existe em todo organismo uma tendência natural de evolução, uma tendência natural de atualização a todo momento."
(Carrenho, Tassinari e Pinto)

Vemos que, em alinhamento com os princípios erickssonianos, a abordagem centrada na pessoa, de Carl Rogers, traz princípios importantes para apoiar a prática do coaching, que devem ser compreendidos não como uma técnica ou metodologia, mas como um jeito de ser, acreditando no potencial do indivíduo de encontrar suas próprias respostas, respeitando o outro, a si mesmo e a relação entre ambos.

A saber, são quatro os princípios:

1. **Tendência atualizante:** O indivíduo está em constante transformação, buscando sempre atender às suas necessidades. É enxergar a pessoa com potencial suficiente para tomar as melhores decisões em direção ao que é melhor para si. Na atuação como coach, é acreditar que o cliente tem condições de encontrar suas próprias soluções sem interferir, manipular ou querer orientar nesse processo de descoberta, condicionando o papel do coach ao apoio e facilitação.

2. **Compreensão empática:** A empatia também permeia essa abordagem, permitindo enxergar o mundo através dos olhos do outro; é ouvi-lo com genuíno interesse em sua fala, suas histórias, gestos e sentimentos. É livre de julgamentos, entendendo suas motivações sem esquecer que não somos o outro, somente estamos usando suas lentes para entender o mundo. Ter uma compreensão empática com a consciência de que não sou o outro, que somos pessoas distintas, converge com o princípio da congruência.

3. **Congruência:** Liberdade em expressar ao outro nossas percepções, sentimentos e pensamentos tornando a relação autêntica, genuína e transparente. A congruência leva em conta o respeito próprio e para com o outro. Essa autenticidade pode ajudar a enriquecer a relação, consolidando a confiança.

4. **Aceitação incondicional positiva:** Capacidade de aceitar o outro exatamente como ele é, suas experiências, sentimentos, argumentos, pensamentos, mesmo quando não concordamos. É estar na relação sem julgamentos, conceitos e preconceitos.

Todos os princípios caminham juntos nas relações. Dificilmente o coach terá uma compreensão empática sem aceitar o outro incondicionalmente e livre de julgamentos. Se usar a congruência sem a empatia, corre o risco de ser ríspido. Se quiser ter uma compreensão empática sem acreditar na tendência atualizante, ou seja, no potencial do outro em encontrar os melhores caminhos para si, não conseguirá compreendê-lo em suas motivações, não estará olhando o mundo com suas lentes.

Essas abordagens formam uma base sólida e fértil para as relações entre coach e coachee. Ambas favorecem a compreensão e aplicação das competências técnicas e comportamentais do coach dentro de um processo de coaching. E, ainda, a compreensão de ambos os princípios em harmonia com a comunicação empática e não violenta enriquece a relação entre coach e coachee criando um terreno fértil para transformações e aprendizados.

Quando aprendemos?

O ser humano está em constante aprendizagem. As mudanças são inevitáveis e ininterruptas, e isso faz com que estejamos em busca de novos aprendizados e conhecimento. Isso porque somos dotados de um repertório de habilidades que nos permite resolver problemas e aprender com eles, através de nossa capacidade de raciocinar, gerir emoções, elaborar, perguntar e questionar para buscar respostas.

A neurociência nos tem mostrado como o ser humano aprende, toma suas decisões e se transforma. Nosso cérebro tem a capacidade de mudar, de forma estrutural e funcional, e adaptar-se criando conexões quando submetido a novas experiências em qualquer fase da vida. Este é o conceito de neuroplasticidade cerebral. Aprender é uma função cognitiva complexa que sempre implica alterações neurofisiológicas.

Mudanças e novos aprendizados ocorrem, principalmente quando, segundo Kanheman, saímos do sistema rápido e automático (chamado Sistema 1) e usamos o sistema mais racional, que é mais lento e exige consciência ou atenção (denominado Sistema 2). Apesar de interligados, o Sistema 1 é operado de forma inconsciente, dirigido por emoções e associações, e não exige esforços podendo ser combinado com outras tarefas que igualmente não exijam esforços. Já a capacidade de atividade mental no Sistema 2 é limitada, ou seja, uma tarefa que requer esforço cognitivo tende a anular outra tarefa do mesmo nível de dificuldade, baseado na concentração, foco e utilizando cálculos conscientes para chegar a decisões.

A ideia aqui é utilizar nosso sistema devagar até que a informação se torne parte do sistema rápido. Como fazer isso? Praticando, experimentando. Quanto mais praticamos, mais as informações vão fixando em nossa mente. Quando isso ocorre, nosso sistema rápido passa a tomar o controle delas, fazendo com que o aprendizado seja muito mais rápido.

No modelo chamado fases da mudança, o indivíduo passa por quatro estágios até desenvolver o conhecimento e a habilidade necessários relacionados à determinada competência. David Rock cita essas fases da seguinte maneira:

1. **Incompetência inconsciente:** A pessoa não tem a habilidade e nem sabe que ela existe, não sente necessidade ou desejo de ter a habilidade. Neste estágio, não sabemos que não sabemos, ou seja, não temos consciência da nossa falta de habilidade para realizar algo.

2. **Incompetência consciente:** A pessoa não tem a habilidade, mas sabe que tem de aprendê-la, reconhecendo a deficiência. Aqui passamos a ter consciência da falta de habilidade para conduzir algo. A partir daqui sabemos que precisamos aprender para que possamos dominar a nova competência. Se tomamos a decisão de passar ao próximo estágio, devemos iniciar o aprendizado e a prática da competência em questão.

3. **Competência consciente:** A pessoa tem a habilidade necessária, realizando de imediato ou localizando recursos para realizar, sendo necessário concentrar o esforço na tarefa. Passamos a utilizar a nova habilidade de maneira satisfatória, porém não totalmente automática; nos tornamos conscientes da nossa nova habilidade e adquirimos mais autoconfiança.

4. **Competência inconsciente:** A pessoa tem o conhecimento e a habilidade necessários para desenvolver as tarefas ao ponto de não ser necessário concentração excessiva ou acesso a documentos. Acontece naturalmente. Começamos a realizar a atividade automaticamente, sem pensar em como se faz, porque já praticamos e repetimos a ação inúmeras vezes. O processo agora faz parte do nosso inconsciente, e tudo acontece sem esforço, até que se tenha uma nova habilidade a ser aprendida e reiniciemos o processo.

Esses estágios estão relacionados à maneira como criamos novas conexões. David Rock, criador do neurocoaching, diz: "... quando aprendemos algo, o universo também muda. As conexões entre nossos neurônios são reconfiguradas e, consequentemente, o mundo fica um pouco diferente." E por que é tão importante criar conexões novas? Para o autor, "vemos o mundo como nós somos e não como ele é".

Vemos e escutamos através de filtros, ou seja, julgamentos prévios criados através das experiências registradas anteriormente, e interpretamos as informações que recebemos do mundo segundo as conexões que fazemos, ajustando as pessoas e o mundo que enxergamos àquilo que nosso pensamento predeterminou como certo. À medida que aprendemos e vivenciamos novas experiências, habilidades e pensamentos, reconfiguramos nossas conexões e desenvolvemos percepções diferentes sobre o mundo, abrindo caminho para novas possibilidades e transformações.

O contexto em que vivemos, nossas experiências ao longo da vida e nossos valores estabelecem um padrão de conexão neural, uma espécie de mapa mental, sendo responsável por nossa percepção de mundo e de nós mesmos. É essa estrutura que nos ajuda a lidar com informações do dia a dia sem precisarmos pensar toda vez que, por exemplo, dirigimos, escovamos os dentes, prepararmos o café, economizando assim energia para as atividades rotineiras. São comportamentos que se tornam automáticos (Sistema 1) e fazem parte de nós.

Para qualquer nova informação, aprendizado ou experiência acessamos nossas estruturas (mapas mentais) já existentes, sempre tentando conectar essa nova situação a esses mapas. Por isso, as mudanças no contexto externo não acontecem com a mesma velocidade em nosso mundo interno. David Rock define essas estruturas existentes como conexões permanentes e diz: "Nossas conexões permanentes levam à percepção automática." É por esse motivo que mudar comportamentos e hábitos pode ser tão difícil.

Se um comportamento é tão forte que faz parte de nosso ser, tentar mudá-lo pode ser bastante desafiador, pois entendemos essa mudança como ameaça. Criar novos hábitos, estabelecer novas sinapses e alterar nosso mapa mental pode ser mais fácil. É como tentar fechar uma trilha em uma floresta; essa tarefa pode ser bem trabalhosa. Agora, se abrir uma trilha nova e começar a usá-la, com o tempo ela se tornará de fácil acesso, a trilha anterior começará a se fechar naturalmente e não sentiremos mais a sua falta.

O aprendizado somente se consolida quando colocado em prática de maneira consistente, estabelecendo novos hábitos e nova visão de mundo, gerando, assim, transformações sustentáveis.

Uma das competências do coach, mencionadas pela ICF, é facilitar o aprendizado e resultado, permitindo a conscientização e autoconhecimento do coachee a partir da criação conjunta de um espaço onde pode encontrar novas possibilidades de ação. Neste processo, o coach ajuda o cliente a explorar ideias, oportunidades e soluções alternativas, além de encorajá-lo e estimulá-lo para que ele adquira novos conhecimentos e vá de encontro aos seus objetivos.

Em um processo de coaching, o profissional deve ter a visão de que todo ser humano tem sempre a possibilidade de, diante dos fatos que acontecem em sua vida, extrapolar aprendizados e responsabilizar-se pelos seus atos, permitindo, ainda, que ele acesse seus potenciais que lhe darão a capacidade de atuar diante das situações que a vida lhe traz e daquilo que deseja. Acreditamos que pessoas possuem a liberdade de fazer escolhas, a capacidade de mudar e superar obstáculos. Elas transpõem os problemas e trazem suas próprias soluções.

O coaching apoia essa caminhada, quando existe a "disposição" do indivíduo para vivenciar esse processo de aprendizagem, através de conversas que inspiram pessoas a desenvolver seus potenciais, transformar suas percepções sobre a vida, sobre as pessoas e suas inter-relações. Atkinson, fundamentada na obra de Erickson, diz que cada um de nós é uma obra em andamento e estamos em constante aprendizado. Somos capazes, através da prática, de desenvolver novos hábitos e competências em qualquer idade. Podemos sempre enxergar novas opções, fazer novas escolhas e tomar outras decisões. Segundo Atkinson, no livro *A Dinâmica Interna do Coaching*: "Um bom coach sabe que novos resultados requerem flexibilidade interior e desenvolvimento de habilidades, que começam por aceitar o que é verdadeiro para alguém no presente. O desenvolvimento da flexibilidade e da habilidade, que pode expandir as oportunidades de aprendizado e de crescimento, requer alerta, compromisso com a redescoberta e atenção concentrada, através da prática de uma nova maneira de ser e fazer as coisas."

Dessa forma, coaching não é um processo contínuo e não cria dependência do cliente, uma vez que entendemos que o aprendizado foi construído e sedimentado por ele, podendo assim, seguir sua trajetória com mais consciência e autoconhecimento.

Avançando em direção ao futuro

O processo de coaching tem como fundamento apoiar o cliente a sair do momento presente e criar uma ponte que o leva para seu objetivo futuro, ou seja, sair do ponto A para chegar ao ponto B. Quando o cliente busca um profissional de coaching, ele pode querer alavancar e ampliar sua visão a fim de perceber novas oportunidades em determinado âmbito de sua vida. É nesse contexto que a neurociência novamente nos ajuda a entender o papel da projeção de futuro ideal, aumentando nosso leque de possibilidades, encontrando novas soluções que gerarão os resultados que buscamos.

Como dissemos anteriormente, segundo Kanheman, nossa estrutura mental e conexões já existentes geram percepções automáticas, o que significa que muitas de nossas ações e reações acontecem de forma intuitiva, inconsciente, rápida e sem esforços.

Já o Sistema 2 é representado pelo intelecto, é aquele que pondera nossas decisões para agirmos de forma deliberada. Esse sistema exige atenção e opera de maneira lenta e concentrada, as atividades são interrompidas quando a atenção é desviada. Utilizamos esse sistema para analisar dados e informações, avaliar prós e contras e tomar decisões de maneira racional.

A rapidez com a qual o Sistema 1 dispara as ações de forma inconsciente o torna nosso grande aliado, porém exige uma atenção redobrada. Vejamos por quê.

Executamos diversas atividades do dia a dia sem precisar pensar sobre elas, como, por exemplo, escovar os dentes. Esse sistema também é responsável por nos proteger do perigo quando fugimos de um animal, não comemos algo estragado que pode gerar ameaça física ou revidamos quando alguém nos agride verbalmente.

A emoção representa um papel importante nesse sistema, pois é a grande alavanca da ação; ela faz o papel de um termômetro para nos ajudar a entender uma situação e agir.

Quando uma nova situação nos é apresentada, nossa tendência é buscar experiências anteriores para "interpretar" esse novo dado. É por isso que muitas vezes não conseguimos encontrar solução para nossos problemas, pois nosso campo de visão não acessa as possibilidades.

E aí que entra o poder de enxergar o futuro, experimentar uma situação diferente daquelas vivenciadas anteriormente, expandir esse campo de visão. Esse futuro ideal pode surgir com um exercício de visualização, suposição, hipótese. Seja como for, nosso cérebro não distingue a experiência real da fictícia, ele interpreta aquela cena e tem reações a partir dela. É como em um filme, em que sentimos medo, raiva, tristeza ou alegria mesmo sabendo tratar-se de ficção.

Quando a pessoa consegue enxergar-se e sentir-se dentro da situação com o problema já resolvido, ela passa por uma nova experiência criando novas sinapses, modificando seu mapa mental e então a solução passa a ser possível para ela. Essa nova sinapse ainda é frágil e se tornará forte à medida que se age gerando novos resultados.

A Figura 2.2 nos ajuda a entender o papel da visão de futuro para a realização de nossos objetivos e a criação de novas realidades.

Nossas experiências ao longo da vida estabelecem conexões consolidando nossas estruturas mentais pelas quais percebemos o mundo, gerando crenças e convicções que podem ser limitantes ou impulsionadoras. Novas situações exigem novas soluções que não conseguimos perceber através de nosso mapa mental atual. Quando idealizamos a situação perfeita, sem restrições, com as questões resolvidas, e conseguimos nos enxergar nela, como num filme em que tudo é possível, é gerada uma motivação, uma energia para agir. O Sistema 2 é acionado e passamos a agir de forma consciente e deliberada, e são essas novas ações que geram novos resultados.

Esses novos resultados e novas experiências se tornarão conexões permanentes, que gerarão novas crenças. Quando uma nova situação aparecer, exigirá novas soluções e assim o ciclo continua.

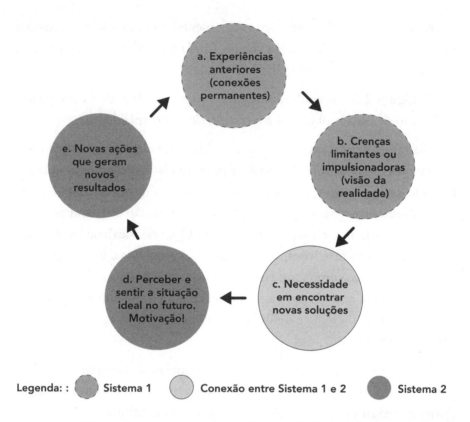

Figura 2.2: Expansão da visão através da idealização do futuro
Fonte: As autoras

A vida nos coloca em situações novas o tempo todo, exigindo nosso desenvolvimento e expansão; é a nossa tendência natural à atualização. Porém nem sempre conseguimos essa expansão sozinhos, e é papel do coach apoiar o cliente nessa exploração.

Emoções e sentimentos

Você já parou para observar o que acontece com você quando conquista um objetivo almejado? O que está acontecendo com seu corpo? Quais reações emocionais e sentimentos estão envolvidos? Algo está acontecendo dentro de você, completamente fora de sua consciência. Suas pupilas dilatam, coração acelera, seu rosto toma uma cor diferente, assim como hormônios são secretados para a corrente sanguínea, entre outras ações biológicas. E quando somos tomados pelo medo? Sem nos darmos conta, desencadeiam ações de afastamento atacando ou fugindo de algo que nos amedronta.

Para entender melhor essa questão de forma a nos ajudar na compreensão e visão sobre o que acontece com as pessoas e suas reações a determinadas situações, é preciso fazer inicialmente a distinção entre emoção e sentimentos.

Damásio, no livro *E o Cérebro Criou o Homem*, diz que emoções são movimentos de respostas às sensações físicas provocadas por algum estímulo. Ou seja, são programas de ações que acontecem dentro do corpo, coordenadas pelo cérebro e percebidas objetivamente através de reações físicas que geram comportamentos biológicos frente a uma necessidade. Uma verdadeira orquestra fisiológica associada a estímulos.

Todas as emoções são positivas, uma vez que são fundamentais para nossa sobrevivência. Se tornam negativas quando mal gerenciadas.

Sentimentos são a experiência mental que nós temos sobre aquilo que se passa no corpo. É algo que pode vir após a emoção. São percepções parciais e interpretações das reações físicas provocadas pela emoção. Ou seja, é a forma como a mente vai interpretar todo esse conjunto de movimentos.

Do ponto de vista cerebral, os sistemas neurais atuam intensamente no gerenciamento das emoções, precisando haver negociação entre eles para que possamos estabelecer comportamentos mais construtivos em nossas vidas.

Segundo Goleman, no livro *Inteligência Emocional*, somos sequestrados emocionalmente quando emoções intensas fazem com que tenhamos ações impulsivas que nos impedem de manter um bom fluxo entre as áreas da emoção e da inteligência, agindo através do pensamento rápido e automático. Aqui, muitas vezes, nosso comportamento é impulsivo e pouco assertivo. Quando tomamos consciência das emoções, podemos raciocinar sobre elas e assim fazer escolhas e modificar comportamentos que consideramos inadequados ou indesejados. Muitas vezes, precisamos ser capazes de criticar as nossas próprias emoções, podendo, assim, analisar as situações e tomar decisões. Podemos, em certa medida, mudar nossas emoções. No começo elas podem ser resistentes, mas, como toda habilidade, torna-se mais fácil com a prática.

Acreditamos que as abordagens existentes hoje em dia para contribuir com o desenvolvimento humano têm se baseado no positivo e no futuro como forma de direcionar os indivíduos a criar maiores relações com emoção positiva e prazerosa. Deve-se compreender que para absorver um problema, para ter a ideia dele e poder imaginar suas soluções, é preciso ter atenção contínua, e tudo isso se reflete no comportamento, na maneira como conseguimos responder às situações em que nos encontramos. Portanto, as emoções podem exercer uma enorme influência naquilo que nós pensamos e fazemos.

A autora Vera Martins em seu livro *Emocional Inteligente* nos fala que, ao tornar as emoções mais conscientes focando nossa atenção a elas, podemos assim analisá-las e nomeá-las e perceber qual emoção está presente. Ao reconhecê-las, podemos gerenciar e equilibrá-las com a razão e, em seguida, ponderar, analisar e planejar, permitindo colocar foco na solução e agir de maneira responsável, através de comportamentos afirmativos e positivos.

Assim, podemos remodelar nossos circuitos e construir comportamentos com resultados mais assertivos, fazer escolhas conscientes e responsáveis. E isso é possível porque nosso cérebro tem uma plasticidade que nos permite mudar caminhos de nossas emoções e remodelar nossos mapas mentais.

No coaching, ao mantermos esse circuito ativo, possibilitamos ao coachee adquirir consciência, manter-se motivado e focado em suas metas. E mais, quando estamos no positivo, somos mais criativos, energéticos e produtivos. E é nesse âmbito que o coaching trabalha.

Vimos que somos capazes de alterar nossa visão de mundo e ajustá-la, construir e reconstruir nossos projetos de vida. Por que então não fazemos isso a nosso favor? Por que em algumas situações nos vemos amarrados? É o que veremos a seguir ao falarmos sobre crenças limitantes.

Crenças

Ao criarmos nosso sistema de crenças a partir de emoções e experiências passadas que geraram conexões permanentes, sempre tentaremos avaliar uma situação nova buscando validar o entendimento já existente e assim dar uma resposta rápida. Essas convicções e crenças podem ser limitantes e, na maioria das vezes, inconscientes.

As crenças limitantes não passam de explicações reflexivas, alteradas por pensamentos provenientes de uma vivência do passado registrada na memória emocional como desagradável. Quando criadas, elas se tornam verdades quase que absolutas influenciando diretamente o funcionamento do nosso cérebro e automaticamente o comportamento das pessoas.

As crenças limitantes dificultam a realização de nossos objetivos. Seguem alguns exemplos de crenças e possíveis experiências passadas que as validam.

» "Tenho que ser duro, se eu ceder não serei respeitado!" Essa pessoa pode ter tido no passado uma desilusão por ter cedido demais. Ou quando criança ouviu muito dos pais que deveria ser firme. Essas experiências tornaram a pessoa mais dura, atendendo à sua necessidade de ser respeitada.

» "Gostaria de trocar de emprego, mas o mercado está difícil." Percepção validada, por exemplo, pela pessoa que está constantemente assistindo a noticiários que trazem esse tipo de informação. A pessoa não busca outro trabalho, pois tem a convicção de que está difícil e precisa proteger sua sobrevivência. Ela começa a enxergar somente a dificuldade, mesmo quando muitas pessoas estão se reposicionando profissionalmente nesse mesmo cenário.

» "Se eu me aproximar demais das pessoas, posso me desiludir." Alguma experiência de desilusão quando se aproximou de alguém marcou seu passado e agora busca se proteger de relações interpessoais mais profundas.

Nossas convicções e crenças também podem ser nossas grandes aliadas no alcance de nossos objetivos. Experiências positivas que tivemos no passado e que marcaram nossa vida criaram conexões que irão definir como lidamos com situações de maneira inconsciente.

» "Lido bem com dinheiro. Tenho facilidade em ganhar dinheiro."

» "Tenho sorte para encontrar bons trabalhos."

» "Sou uma pessoa de sorte."

Quando superestimamos experiências e emoções negativas do passado, elas podem nos bloquear no presente e nos impedir de vermos as possibilidades de um futuro diferente. Acabamos incorrendo em um círculo vicioso, criando crenças que nos limitam e repetindo erros. Quando partimos de crenças irracionais e distorções de pensamentos, podemos cair em julgamentos e criar verdades que nos determinam e nos impedem de expandir nosso pensamento e conhecimento, apresentando muitas vezes emoções negativas, comportamentos pessimistas, defensivos e rígidos.

Para ressignificar crenças limitantes, deve-se fazer um trabalho de checá-las e contestá-las efetivamente, buscando fatos para se apoiar e desfazer pensamentos que impedem de criar alternativas diferentes. Gerir as emoções e usar o pensamento devagar e reflexivo é a chave que propicia uma mudança de atitude mais consciente, autoconfiante, carregada de autonomia e senso crítico. Fazer uma avaliação cognitiva das emoções focada na solução e não no problema. Essa mudança de foco nos permite enxergar as situações de maneira positiva.

No processo de coaching, a revisão constante dos paradigmas e pressupostos habituais que influenciam automaticamente as ações e decisões do cliente permite abertura que favorece o encontro de novos sentimentos, pensamentos e respostas diante da vida. Ao construirmos crenças produtivas, baseadas em pensamentos reais, checando fatos, avaliando a veracidade dos pensamentos e das emoções que os acompanham, nos tornamos mais otimistas, saudáveis, produtivos, objetivos, alargando nossos modelos mentais e favorecendo a realização de metas.

Dentro do processo de coaching, o foco no positivo permite quebrar paradigmas e construir soluções criativas. Pessoas positivas pensam de maneira inovadora, são mais confiantes, tolerantes, generosas e desarmadas. Sabemos que emoções positivas são libertadoras, tonificam nossos recursos intelectuais, físicos e sociais e armazenam energia tanto para oportunidades quanto para ameaças.

Emoções e sensações positivas favorecem a eficiência mental; pessoas compreendem melhor as informações, fazem julgamentos baseados em fatos e possuem pensamento mais flexível e aberto; reforçam a criatividade e a tomada de decisão buscando solução. Possibilitam ainda o uso de uma comunicação construtiva e um relacionamento mais respeitoso e empático, no qual prevalece a cooperação e negociação de interesses e necessidades, levando a resultados mais efetivos no processo de coaching.

Oferecer às pessoas possibilidades de olhar a vida e as situações vividas com foco mais positivo as leva em direção a um futuro diferente do qual estão acostumadas a pensar. Serão orientadas por crenças racionais e, quando invadidas por emoções e pensamentos negativos, vão enfrentá-los com consciência em busca de autodesenvolvimento.

Capítulo 3

CASOS PRÁTICOS

Neste capítulo compartilhamos algumas experiências que nos fizeram refletir, aprender e que nos geraram algum questionamento enquanto coaches. Vale lembrar que os nomes e algumas informações foram alterados para garantir o anonimato e a confidencialidade do caso.

Convidamos você a participar ao final de cada caso com uma reflexão que poderá ser útil para sua atuação e desenvolvimento como coach.

Trechos de sessões serão narradas trazendo um tema específico que decidimos abordar e pensar a respeito como fonte de reflexão e aprendizado.

Catarina: Para onde estão caminhando coach e coachee

Catarina é uma profissional que quer aumentar seu desempenho e trabalhar com mais qualidade e produtividade. Estávamos iniciando o processo e sentia a necessidade de definirmos melhor o que seria o objetivo do coaching.

Pergunto a ela:

"Ao final do processo, qual resultado gostaria de obter?"

E ela diz:

"Não quero mais ser mal avaliada."

Ao escutar isso, pensei: "Em vez de não querer ser mal avaliada, o que a cliente gostaria?" Foi essa a pergunta que fiz.

Catarina responde:

"Quero focar o que tenho que fazer e aumentar meu desempenho."

Naquele momento, acreditei que a cliente saberia o que estava querendo ao falar sobre aumentar seu desempenho.

Para fortalecer esse acordo, trago a ela o valor disso em sua vida:

"Ao melhorar seu desempenho, o que isso lhe trará de importante?"

E ela responde:

"Tranquilidade, satisfação, valorização do que faço."

E continuo:

"Quem é a Catarina tranquila, satisfeita, com alto desempenho?"

Imediatamente, com um sorriso, ela responde:

"Uma Catarina mais confiante, dona da vida, que decide por si e é capaz de fazer escolhas e ser responsável por elas."

Curiosa, pergunto:

"E quem se beneficiará com tudo isso?"

Catarina, sem titubear diz:

"Eu, a empresa e minha família. Estarei melhor e eles também."

Catarina estabelece os indicadores que medirão sua evolução no final de nosso trabalho, para saber se seus objetivos foram atingidos e se chegou ao resultado esperado.

Diz ela:

"Saberei quando eu perceber que resolvi com mais rapidez os problemas. Serei mais ágil ao concluir atividades e fazer mais entregas. Eu também quero pedir mais feedbacks aos meus pares. Assim eu conseguirei entender se melhorei ou não."

Neste caso, vale dizer que foi importante levar a cliente para uma visão positiva de seus objetivos. Considerando que não se resolve um problema no mesmo nível lógico e no negativo, as perguntas feitas ajudaram a cliente a aumentar a visão de valor e identidade referente àquilo que buscava. Ajudá-la a traçar um caminho e trazer luz sobre o valor de seus objetivos foi fundamental, assim como para manter sua energia. O foco da sessão explicitado e centrado na solução, permite que coach e coachee saibam por onde estão caminhando e aonde o cliente deseja chegar. Estabelecer o ponto da conversa é muito importante uma vez que é o coachee que define a agenda e se responsabiliza pelos resultados produzidos. Cabe ao coach criar "rapport", demonstrar interesse no que é importante para o cliente e ter clareza de que estão caminhando na direção estipulada pelo coachee.

UM CONVITE À REFLEXÃO

Como você, coach, se certifica de que você e seu cliente estão caminhando de acordo com o foco traçado para a sessão?

Como você lida com os clientes que trazem o foco da sessão no negativo?

Você considera importante explorar os valores que permeiam o foco do cliente durante a sessão? Por quê?

• • •

> **Pedro:** Por que eu quero fazer coaching?

Jovem de sucesso que queria abraçar o mundo, Pedro gostaria de fazer coaching, mas não sabia muito o porquê — talvez por "estar na moda". As perguntas que ele me fazia me levaram a pensar assim. As primeiras perguntas foram: "Como funciona este tal de coaching? Já ouvi falar, mas não sei bem o que é. Conheço pessoas que falam muito bem."

O desafio foi definir um objetivo SMART, pois ele tinha várias iniciativas em curso e alguns novos projetos a iniciar. Levamos uma sessão inteira explorando as possibilidades para que o coachee elegesse o tema mais importante e prioritário e que traria melhor resultado para ele naquele momento. Seria a priorização de seus projetos, organização do seu tempo, busca de valores?

Na segunda sessão, a motivação havia mudado e o coachee gostaria de repensar quais seriam suas prioridades. Ao final dessa sessão, solicitei que ele trouxesse para a sessão seguinte três coisas que gostaria de aceitar e três que gostaria de mudar. Tentei ajudá-lo a construir, mas não foi possível, eram muitos objetivos que ele não conseguia priorizar para obter foco.

Minha frustração era enorme, pois sentia que eu não estava conseguindo ajudá-lo. Pensando muito sobre o tema e após transcrever as três sessões, percebi que talvez o cliente não estivesse no momento de fazer coaching, ainda era um "cliente visitante" que não tinha um objetivo claro, estava ali por curiosidade. Validei essa minha suposição com ele e decidimos juntos interromper o processo e retomar quando ele tivesse melhor visibilidade do objetivo.

Definir o acordo de coaching, tanto para o processo completo quando para cada sessão é fundamental para medirmos os avanços e os resultados. Requer muita habilidade e competência, que não se aprende com a formação, e sim com a experiência. Saber interromper, dizer ao cliente que talvez não seja o momento, também é um desafio.

Fechar o acordo/contrato inicial com objetivos SMART pode ser bastante desafiador. Nesse momento, é essencial identificar a motivação e aceitar que às vezes será necessário utilizar a comunicação direta para dizer e validar com o cliente que ele não está pronto para iniciar um processo.

UM CONVITE À REFLEXÃO

O que você faria nesse caso? Já precisou interromper um processo?

Você costuma transcrever sessões para sua autoavaliação?

• • •

Ana: Apoiando o cliente a encontrar suas respostas

Ana procurou o coaching para trabalhar uma questão financeira. Segundo ela, tinha uma renda razoável que lhe permitia ter uma vida estável e que, se conseguisse administrar melhor, poderia realizar alguns projetos como cursos, viagens, academia etc. No entanto, estava com dívidas e não conseguia se organizar e planejar.

Na primeira sessão, tentei explorar a visão, ou seja, que tipo de pessoa ela gostaria de se tornar, uma vez que uma mudança ocorre de forma sustentável quando a pessoa entende o motivo da mudança, e quais valores ela quer ver atendidos. Ana teve bastante dificuldade em enxergar esses valores e visão. Como ela mesma disse, nunca havia parado para pensar sobre isso, assim como não pensava em médio e longo prazo. Seus esforços estavam vinculados ao curto prazo.

O coach nunca deve julgar, mas é inevitável que tenhamos nossas percepções e sentimentos. Senti dificuldade, naquele momento, de apoiá-la na visão de si própria e de sua vida quando o objetivo já tivesse sido alcançado, pois só assim teria a clareza do que realmente estava buscando.

Então perguntei:

"Se pudéssemos ver você no futuro, já com a questão financeira resolvida, o que seria diferente em sua vida? Como seria esta Ana?"

"Não consigo ver, não sei como estarei, nunca pensei nisso", disse ela.

Algumas perguntas seguiram no sentido de explorar o futuro desejado, mas a resposta era sempre "não sei", "não consigo".

Resolvi então deixá-la em silêncio por um tempo para que pudesse resgatar sua verdadeira necessidade, não só de alcançar o objetivo, mas outros motivos mais importantes para ela. Minha única contribuição foi:

"O que mais pode ver ou sentir?"

Quando contive o ímpeto de ajudá-la e me posicionei somente como observadora, percebi que ela conseguiu buscar algo que estava "escondido" e que realmente precisava de tempo para refletir.

Então ela disse:

"Vou poder ajudar minha família, meus clientes e vou me sentir mais realizada."

Ana levou quatro sessões para que assumisse a postura de ter o controle financeiro de sua vida. Da quinta sessão em diante, ela já estava trabalhando outro objetivo no processo de coaching.

A coachee tinha seus recursos, mas só fazia sentido utilizá-los para a mudança quando viu que tinha algo maior envolvido.

Pode parecer um paradoxo, mas a vontade de ajudar no momento da sessão atrapalha. A posição de observar sem pensar no resultado, ter presença, é mais indicada, porque permite utilizar a melhor estratégia sem "entrar na situação". Estar presente para aquele cliente, ouvir como observador, como se estivesse numa arquibancada, com uma visão ampla da situação, compreendendo e aguçando nossa curiosidade quanto à pessoa e o que ela traz através de palavras, linguagem corporal e respiração. Essa postura permite fazer perguntas poderosas ou simplesmente ficar em silêncio para dar a oportunidade para insight.

UM CONVITE À REFLEXÃO

É um desafio para o coach quando um cliente tem sempre como primeira reação dizer "não sei". Você já se deparou com clientes assim? Como o processo caminhou e permitiu que o cliente pudesse encontrar sua resposta?

• • •

Joana: Criando confiança e empatia

Joana é uma pessoa que tem vontade de realizar muitos projetos, mas se "perdia" diante de tantas ideias e afazeres do seu dia a dia. Tinha como objetivo do coaching realizar suas atividades de forma mais "serena e tranquila", sem perder o foco do que gostaria de alcançar.

Durante e depois das sessões, Joana inseria em uma planilha suas ideias e construções, mensurando seus resultados da semana e controlando-os de acordo com a necessidade estabelecida por ela. Trabalhava com probabilidades e imprevistos, de maneira que pudesse replanejar suas tarefas somente quando existisse uma "razão necessária, clara e importante". Percebia o quanto era objetiva e disciplinada.

A cada sessão, Joana chegava com sua planilha e me mostrava sua evolução. Compreendia que esse momento era muito importante para ela, pois compartilhava comigo suas ações. Quando fiz a observação usando a comunicação direta, Joana me confirmou essa ideia e acrescentou:

"Este é um momento no qual eu mesma, ao lhe mostrar minha planilha, consigo visualizar de onde saí, o que desenvolvi e para onde tenho que ir. Acabo tendo mais clareza ao fazer este *overview* para você."

Joana agradece por aquele momento, e, como devolutiva, também agradeço pela oportunidade de ela poder dividir comigo seu trabalho desenvolvido. Sentia que estávamos vinculadas e o trabalho fluía.

Quando nos encontramos com um cliente, devemos estar cientes de que as ações determinadas por ele são singulares. Cabe a nós, coaches, estar inteiros para o cliente, ouvi-lo e respeitar seu ritmo, confiando que ele está dando o melhor de si naquele momento. Ao estarmos presentes, oferecemos a ele um espaço onde possa construir, através de suas próprias ferramentas, algo que lhe faz sentido e de acordo com sua metodologia e planejamento.

Ao tirar o foco dos meus pensamentos e ideias preconcebidas, pude estar presente com a cliente e sua agenda e firmar um relacionamento. Sentia que isso fazia toda diferença no processo. Dividir com a cliente minha observação sobre fatos favoreceu que ela percebesse que eu estava compreendendo e respeitando aquilo que escutava dela.

Nos relacionamentos, a empatia ocorre quando nos livramos de todas as ideias preconcebidas e julgamentos em relação aos outros, estabelecendo uma presença, dando atenção a alguém que lhe pede escuta, sem aconselhar, encorajar, educar, consolar, sem comparar ou qualquer outro comportamento que não a sua simples presença.

"Empatia é a compreensão respeitosa do que os outros estão vivendo. É esvaziar a mente e ouvir com todo nosso ser." (...) "Damos aos outros o tempo e o espaço de que precisam para se expressarem completamente e sentirem-se compreendidos." (Marshall Rosenberg) Segundo Rosenberg, a empatia nos permite "perceber nosso mundo de maneira nova e ir em frente". É permitir que o cliente expresse antes de começar a propor soluções. Com isso, ele alcançará um nível maior de conhecimento de si mesmo.

UM CONVITE À REFLEXÃO

E você, ao longo dos processos de coaching, pergunta-se constantemente como vai seu vínculo com o seu cliente? O que acredita que faz preservar entre coach e coachee um vínculo de confiança que leve ao sucesso do processo?

• • •

Paula: Adaptando-se ao estilo do cliente

Paula havia se desligado da empresa em que trabalhou por nove anos e estava em dúvida em relação ao novo caminho profissional. Seu objetivo era obter clareza para decidir entre voltar para o mundo corporativo, se preparar para passar em um concurso público ou seguir num negócio próprio na área de design e decoração.

Algumas pessoas são atraídas e agem em direção ao que elas querem, em direção aos seus objetivos. Outras têm o perfil de se distanciar daquilo que não querem. Os focos são diferentes. O primeiro tipo vai em direção a... (Quero trabalhar no setor público.) O segundo perfil se distancia de... (Não quero mais a instabilidade de trabalhar em empresas privadas.) Esse perfil de pessoa pode ter mais dificuldade em perceber seus progressos, uma vez que é impelido a dizer "não" para uma situação, resgatando sempre a circunstância que o está incomodando.

Um dos primeiros desafios neste processo foi buscar seus principais motivadores para atingir o objetivo, pois Paula sabia muito bem o que ela não queria. Por que era tão importante para ela encontrar esse caminho profissional? Quem ela gostaria de se tornar? Enquanto ela "repelia" o que ela não queria para si, não era possível encontrar sua verdadeira motivação enquanto profissional. Levá-la a imaginar seu futuro bem-sucedido segundo sua própria percepção de sucesso a ajudou a ter uma visão do que queria, ou seja, ir em direção ao objetivo. O próximo passo foi utilizar "rodas motivacionais" a fim de explorar seus impulsionadores, aquilo que a inspirava e movia, e como cada alternativa atendia a esses critérios.

O desafio como coach foi perceber, depois de algumas sessões, que neste caso era essencial explorar constantemente os aprendizados e a evolução. Dedicar esse tempo era importante, uma vez que a primeira resposta da coachee era sempre pontual e dava pouca oportunidade de crescimento no processo. Quando perguntava: "Quais foram os aprendizados?" ou "Quais pontos de evolução você percebe?", as respostas eram voltadas para metas que ela ainda não havia obtido:

"Percebi que sou muito dispersa. Preciso ser mais disciplinada." Como seu perfil era voltado para enxergar questões das quais ela gostaria de evitar, tinha dificuldade de reconhecer o seu avanço.

Em determinado momento, senti a necessidade de aprofundar melhor essa questão. Não me contentei com a primeira resposta. Explorei mais, até que houve um momento em que ela foi abrindo, foi expressando os aprendizados e evoluções, como se vendas fossem tiradas de seus olhos. Para mim foi uma surpresa, pois minha percepção era que havia pouca transformação nesse processo.

É importante o coach se sentir confortável em explorar melhor um tema a fim de buscar respostas mais profundas; sentir-se confortável com o desconforto do coachee, uma vez que é o caminho necessário para encontrar novas respostas e sair do lugar-comum, das respostas prontas, superficiais e que não ajudarão no crescimento da pessoa.

O julgamento, mais uma vez, como um vilão do processo de coaching. Muitas vezes buscamos técnicas, ferramentas e metodologias para ajudar o cliente. Porém, num determinado momento, o que é necessário é simplesmente um "momento de silêncio" mesmo que isso gere desconforto. Esse é o caminho para o progresso.

Casos Práticos

Sair da zona de conforto, tomar consciência do aprendizado, é uma forma de criar novas sinapses e alterar nosso mapa mental, mudando nossa perspectiva em relação ao mundo.

UM CONVITE À REFLEXÃO

Já teve um cliente com quem teve maior desafio com relação ao seu estilo e perfil?

• • •

Maria: Declarando as intenções e resultados

Maria chegou até mim em um momento profissional bastante desafiador, segundo ela. Estava sem trabalho e tinha perdido quase todos seus contatos profissionais. Queria retomar sua carreira e acreditava que o coaching poderia ajudá-la a traçar um caminho.

Maria esperava que no final do processo de coaching ela tivesse um fluxo de projetos como profissional autônoma. Queria ao menos dois projetos para o bimestre. Perguntei a ela se esse objetivo estava sob seu controle e essa pergunta a fez entender que o resultado não dependia somente dela. Existiam outros fatores, fora de seu alcance, que podiam impedir a realização da meta. O que ela poderia trabalhar nas sessões de coaching que dependesse somente dela e fosse ao encontro de seu desejo de aumentar o número de projetos?

Expliquei que seus objetivos deveriam ser específicos, mensuráveis, alcançáveis, temporais e realistas. Maria definiu então como meta do coaching estabelecer meios para entrar em contatos com clientes e aumentar seu networking:

"Quero chegar novamente até os clientes e encontrar formas para isso."

Verifico com Maria o valor e intenção desse objetivo.

Ela diz:

"Ao estabelecer contatos, terei oportunidades de fazer propostas comerciais e isso trará mais negócios."

Ao checar com Maria as evidências de alcance de seu objetivo em relação ao processo de coaching, ela me conta que:

"Saberei se alcancei meu objetivo ao final do coaching se eu aumentar meus contatos e o número de propostas e contratos."

O processo de transformação ocorre quando temos um foco, sempre articulado com o modelo de mundo da pessoa, e que esteja dentro do controle do cliente para que ele possa realizar suas ações, ter um valor significativo em seu contexto presente e futuro, algo que promova um engajamento com os objetivos estabelecidos. O acordo deve estar focado na solução, proporcionando diretriz e trazendo clareza do caminho que coach e coachee estão percorrendo. Medidas de sucesso ao longo da sessão e do processo como um todo também são importantes, ou seja, averiguar como o cliente vai identificar que chegou ao resultado estabelecido por ele.

UM CONVITE À REFLEXÃO

Ao fechar um acordo com seu cliente, a que você fica atento? Quais fatores e como verifica um bom andamento da sessão?

O que você explora com o cliente para que ele possa ir em direção a um resultado poderoso?

...

Adriana: Conhecendo a necessidade do cliente

Na primeira sessão, Adriana pontuou que havia tido recentemente um quadro depressivo, mas que naquele momento estava se sentindo melhor. As sessões foram avançando com pouco progresso, e ela expôs em um dos encontros que achava que precisava voltar com a medicação. Sugeri que ela buscasse ajuda com um profissional competente. Nas sessões seguintes, novamente pouca evolução. Percebendo que o quadro depressivo estava atrapalhado seu progresso, Adriana resolveu procurar ajuda, tornando as sessões mais produtivas.

O coach deve estar atento às respostas do cliente e sinalizar caso perceba que um outro tratamento será necessário.

Entender a situação atual da pessoa em uma primeira sessão de esclarecimento é fundamental para que o processo evolua. Se o cliente estiver em tratamento e o coach perceber que não há progresso, talvez seja necessário interromper as sessões até que a pessoa se sinta preparada, física e emocionalmente, para olhar para seus objetivos.

É importante termos algum conhecimento de nosso cliente para que possamos entender fatores que possam vir a interferir no processo, como, por exemplo, clientes que apresentam quadros clínicos ou psicológicos que podem afetar o processo e também o progresso do cliente diante de seus objetivos. Não é preciso fazer uma anamnese, aliás, essa não é a proposta e nem está sob o domínio do coach, mas na primeira sessão é preciso averiguar, perguntando diretamente ao cliente, questões que possam prejudicar o trabalho a ser desenvolvido.

Identificar o que o cliente busca e saber do que ele precisa. Existem clientes que procuram o coaching, mas, na verdade, precisam de psicoterapia ou o apoio de um outro especialista.

UM CONVITE À REFLEXÃO

Que consideração você teria em relação à atuação do coach nesse caso?
Na sua visão, quando uma pessoa está apta a um processo de coaching?

Maíra: Quando o cliente quer uma orientação do coach

Maíra trabalha há alguns anos em uma empresa, procurou o coaching para preparar-se para um novo desafio profissional, e gostaria de atualizar e elaborar da melhor maneira seu currículo, perfil profissional nas redes sociais e preparar ferramentas de comunicação para essa nova etapa. Quando me explicou esse cenário, me pareceu um trabalho de consultoria, porém sugeri que conversássemos para melhor entendimento da necessidade.

Reunimo-nos para explorar melhor a situação quando Maíra comentou que estava numa carreira executiva bem-sucedida, que queria mudar de empresa, mas estava em dúvida com relação à área de atuação. Ela teve experiências anteriores na área comercial, que apreciava muito, mas sua posição atual era em uma área mais técnica. Apresentou a área comercial como uma alternativa à qual tinha bastante inclinação e que lhe agradava muito. Então perguntei:

"O que a impede de seguir esse caminho?"

Ela pensou alguns instantes e disse:

"Acho que tenho medo de mudar, de deixar o certo pelo duvidoso."

Nesse momento, percebi que uma consultoria não seria a solução mais adequada para esse novo contexto que a cliente trouxe.

Comentei que tínhamos uma situação na qual seria mais adequado um processo de coaching para apoiá-la no direcionamento de seu caminho profissional. Esclareci as principais diferenças entre consultoria e coaching e como esse processo poderia ajudá-la nessa definição. Propus então um contrato de coaching, e somente depois de finalizado esse processo fecharíamos, se necessário, um contrato de consultoria para a construção do currículo, perfil nas redes sociais etc. E assim foi acordado.

Na primeira sessão, quando perguntei sobre o que trabalharíamos, ela disse que queria que eu a ajudasse na elaboração do CV.

Deixei claro que aquela sessão seria de consultoria e não coaching, para que Maíra se sentisse respeitada e atendida. A sessão correu muito bem, ela ficou satisfeita, teve a oportunidade de explorar seu papel atual como executiva, seus principais resultados e aqueles que mais sentiu prazer em trabalhar.

Na sessão seguinte, retomamos ao coaching, a cliente estava ciente disso e utilizou o material do currículo para explorar seus possíveis caminhos profissionais.

O coach tem a responsabilidade pela ética na profissão e pelo processo de coaching, e cabe a ele estruturá-lo de forma transparente para ambas as partes.

UM CONVITE À REFLEXÃO

Existem casos em que o cliente quer que o coach oriente, opine, dê uma resposta. Como o coach pode lidar com essa questão sem perder o relacionamento com o cliente? Nesse caso, o que você faria de diferente?

• • •

> **Pierre:** Quando o cliente já sabe a resposta, mas ainda não se deu conta

Europeu, executivo, recebeu uma proposta para ir trabalhar fora do seu país de origem. Seria a primeira vez que moraria em outro lugar. Buscou o coaching para ajudá-lo na tomada de decisão. Muito racional e reflexivo, não tinha dificuldade em explorar as diversas perspectivas, riscos, oportunidades e possíveis dificuldades dessa importante mudança, tanto profissional como pessoal.

Apesar de já ter mapeado todas as possibilidades, o cliente tinha dificuldade de chegar a uma conclusão. Após muitas perguntas instigantes, percebi que precisava utilizar uma comunicação bastante direta e mostrar-lhe o que estava, a meu ver, abaixo de seus olhos, resumindo tudo o que já havia sido dito por ele mesmo. "Parece-me que você já tem a resposta, você falou por diversas vezes que…"

Saber o momento e a forma de utilizar a comunicação direta é essencial para um processo de sucesso. Há sempre o risco de a comunicação direta virar um comentário de mentor, dependendo da forma como é feita. É importante ficarmos atentos.

UM CONVITE À REFLEXÃO

Qual é a sua experiência com a comunicação direta? Já ocorreu de achar que a comunicação direta foi para o lado da mentoria?

Antônio: A percepção do coach colocada de forma despretensiosa e imparcial

Antônio procurou o processo de coaching para ajudá-lo a lidar com a nova oportunidade de carreira em uma posição de liderança, que ele já vinha buscando há alguns anos, além de desenvolver as competências necessárias para se tornar um líder.

Iniciamos o processo e em uma das sessões o cliente colocou que estava tendo dificuldade de engajar a equipe ao solicitar a execução de uma tarefa. Então, perguntei o que significava engajamento, para que ficasse claro o que ele queria trabalhar exatamente.

Ele responde:

"É influenciar as pessoas e motivá-las a se responsabilizarem pela atividade, sentirem-se donas!"

Em seguida, pergunto:

"E o que é importante para influenciar e motivar as pessoas?"

"Procuro apresentar o projeto sempre pontuando a importância e os benefícios do trabalho para a organização e para a pessoa. Mas parece que não tem surtido efeito, não vejo as pessoas motivadas com as atividades, nem se responsabilizando por elas."

Naquele momento, fiquei curiosa para entender como ele sabia que a pessoa realmente havia compreendido e assimilado a mensagem.

Então questionei:

"O que o faz pensar que essas mensagens de benefício e responsabilidade foram assimiladas pela pessoa?"

E ele continuava dizendo que "sabia" quais eram os interesses da pessoa e tentava vinculá-los à atividade.

Senti que deveria colocar minha percepção sobre o que ele estava dizendo e, pedindo permissão, coloquei:

"Percebo em sua fala que você tem clareza das motivações, interesses e responsabilidades de cada um. Porém, não ouço você dizer qual é a percepção deles sobre essas questões."

Então Antônio, em tom de reflexão, coloca:

"Estou aqui pensando... se fosse eu, estaria motivado, então presumo que a pessoa também deveria estar, sem de fato ouvir suas percepções. Além disso, eu não sou direto ao dizer sua responsabilidade e qual o resultado esperado, então a reunião termina sem o direcionamento adequado."

Com o aprendizado tirado da sessão ele colocou:

"Saiu um peso dos meus ombros."

Como coaches devemos entender que determinadas situações exigem que sigamos nossa intuição e coloquemos nossos pensamentos a respeito do que o cliente traz de forma curiosa apenas, podendo ou não ser útil ao cliente. Neste caso, a colocação da minha percepção foi a chave para ele entender como estava direcionando suas reuniões de trabalho com a equipe. Ele tirava suas conclusões de acordo com seu perfil, seu próprio jeito de ser, e não de forma personalizada, sem ouvir sua equipe.

UM CONVITE À REFLEXÃO

Como você lida com a necessidade de equilibrar a imparcialidade com uma comunicação mais interativa com seu cliente?

•••

Carlos: Coaching como instrumento de autoconhecimento

Carlos estava com muitas dúvidas em relação ao seu futuro profissional. Empresário na área de consultoria, abriu sua empresa e evoluiu com muito sucesso por sete anos. Porém, no último ano, se uniu a um sócio com o qual estava deparando com muitos conflitos relacionados a diferenças de estilos e comportamentos. Nesse período, teve um problema de saúde e precisou se afastar por alguns meses. A consultoria não era mais a mesma, seu sócio implantou uma nova cultura e valores, e Carlos não se sentia mais parte daquele ambiente. Alguns meses se passaram, Carlos já estava bem de saúde e chegava o dia de retornar ao trabalho. Procurou o coaching porque não sabia qual caminho seguir. Nas primeiras sessões, buscou trabalhar algumas opções:

a) voltar para a empresa e aceitar as coisas como estavam;

b) abrir uma nova consultoria;

c) impor seus pontos de vista e retomar os valores e cultura que construiu enquanto estava na gestão do negócio.

Ele tinha em mente muitas opções e percebi que explorar o autoconhecimento — habilidades, motivadores, valores e identidade — poderia ajudá-lo na decisão.

Durante uma sessão, perguntei a Carlos:

"Como você se vê enquanto profissional e empresário?"

Carlos responde:

"Eu gosto de desafios, quanto mais inovadora a ideia e a atividade, mais motivado eu fico. Foi assim que idealizei e desenvolvi minha empresa."

Então busquei explorar mais essa reflexão. Perguntei:

"E o que mais é importante para você?"

Carlos fez um breve silêncio e disse:

"Eu quero fazer algo onde eu possa ver o impacto do meu trabalho na vida das pessoas. Quero entregar maior valor para meus clientes."

Dando continuidade em tom de descoberta:

"Reerguer a consultoria é algo que me brilha os olhos, sei que será um desafio, mas também sei que posso contribuir mais com os clientes, acho que esse é o caminho!"

Nas sessões, o cliente optou por elaborar um plano com estratégias para dar uma nova identidade para sua empresa.

Mais consciente sobre o que realmente buscava e o que era importante para ele no contexto pessoal e profissional, retornou à empresa mais tranquilo e aberto para discutir sobre qual era sua visão para o futuro da empresa. Conversou com seu sócio, definiram juntos a divisão de responsabilidades entre eles e acabou percebendo que, na verdade, ele seria seu maior aliado para a realização de seus objetivos.

Para iniciar o processo de tomada de decisão, é preciso entender o que nos dá energia, o que nos motiva, quem queremos nos tornar e a serviço do que estamos trabalhando. Quando temos consciência de nossas escolhas, definimos o que é relevante, buscamos informações e conhecimentos que nos levam a agir de forma fluida e eficaz.

UM CONVITE À REFLEXÃO
Como você explora os valores e estimula a reflexão para o autoconhecimento com seus clientes?

• • •

Roberto: Coaching como processo de descoberta e escolhas

Roberto é um cliente que está em busca de recolocação profissional e vem para o processo de coaching com objetivo de ter mais organização e disciplina. Ele deseja "botar o carro para andar", ou seja, construir ações que o levem a uma "trajetória assertiva" para recolocação.

Diz não cumprir com o que se compromete em fazer. "Boicote total", segundo ele.

Estava curiosa em saber sobre o tal boicote já que a recolocação era algo que dizia ser importante. Como tornar essa busca mais significativa?

Então pergunto a ele:

"Se não estivesse se boicotando, como estaria?"

Diz ele:

"Estaria empenhado, cheio de energia, enviando meu currículo e fazendo networking, conforme me programei semanalmente."

E continuo:

"É realmente isso que você quer?"

"Sim", diz Roberto.

E continua:

"Mas fico pensando se quero continuar na área em que atuo ou se quero mudar. Eu quero mesmo voltar para minha área? Estou de saco cheio de logística! Talvez não seja bem isso. Nossas sessões têm me feito pensar a respeito do que eu realmente quero, para onde quero seguir e em que tipo de empresa eu quero trabalhar!"

Questiono:

"Você está pensando sobre o que quer e se realmente quer continuar na sua área de atuação. Saberia me dizer o que quer?"

Roberto assume para si que não quer mais trabalhar na área que havia traçado até então. O cliente vem para a próxima sessão dizendo que, ao entender o que queria para si, se sentiu mais produtivo, focado e o trabalho em busca de recolocação fluiu bem melhor. Havia feito o que tinha se proposto. Mudou seu currículo, buscou cursos online e estudou mais sobre a nova atividade.

Perguntas poderosas, sempre no positivo, mobilizam o cliente para que encontre suas próprias respostas e esteja aberto à solução. Remetem a valores e significado, na tentativa de engajá-lo naquilo que realmente lhe faz sentido. Ajudam a organizar e estabelecer ações para alcance do que buscam, levam o cliente a descobertas, ao autoconhecimento, acessando um leque interno de possibilidades que são despertadas ao instigar o cliente a pensar, a enxergar oportunidades dentro e fora de si mesmo.

Questionamentos exploratórios abrem espaço para aumentar o nível de consciência e alterar a sua percepção sobre assuntos e ideias preconcebidas; possibilita clarificar e compreender pensamentos, necessidades escondidas, objetivos, sonhos, problemas, medos, valores, atitudes e opiniões. Estimulam o cliente a encontrar, pelos seus próprios meios, a solução ideal para resolver um problema, em vez de alguém lhe dizer como deve fazer. Encoraja o cliente a buscar a verdade por si própria, reduzindo a resistência a mudanças e promovendo a responsabilização do cliente pela utilização dos recursos que possui e que pode utilizar pelo desenvolvimento das suas próprias soluções. Permite ao cliente formular várias alternativas de escolha, encorajando-o a decidir por si próprio e evoluir. Promove a aprendizagem e quebra modelos mentais enraizados.

UM CONVITE À REFLEXÃO

Quais recursos você usa para estimular os insights que levem o cliente a uma solução? O que em sua conduta como coach leva o cliente às próprias respostas? Quais competências são fundamentais para que isso ocorra?

• • •

André: Quando o cliente não sabe o que quer trabalhar na sessão

André já foi empresário há muitos anos. Em determinada época, quando os filhos eram pequenos, decidiu largar tudo e aceitar uma boa proposta de trabalho, onde permaneceu por cerca de dez anos. Há um ano foi demitido e hoje busca uma recolocação.

Em uma de suas sessões, quando lhe pergunto o que quer como resultado para aquela sessão, ele diz que não sabe:

"Não sei mais o que fazer."

André começa a narrar uma série de coisas que já fez e estavam ao seu alcance, mas que nada acontecia.

Sem direcionar, faço perguntas abertas na intenção de definir um acordo para nossa sessão.

Ofereço empatia e pergunto:

"O que seria importante trabalharmos juntos nesta sessão? Que resultado gostaria de obter no final desta sessão?" André continua afirmando:

"Não sei."

Vou parafraseando seus dizeres e novamente pergunto:

"O que poderíamos trabalhar hoje que pudesse ajudá-lo nessa sua caminhada?"

E ele responde:

"Talvez pensar nas possibilidades. O que mais eu faria para ganhar dinheiro? Preciso trabalhar."

Nesse momento, André cogita algumas alternativas:

"Fazer outra coisa fora da área de atuação, dar aula, vender sanduíche na praia?"

Digo a André que o escuto dizendo sobre outras possibilidades de trabalho e lhe devolvo a pergunta:

"É isso que você gostaria de trabalhar hoje na sessão?"

E ele diz:

"Sim, acho que isso é importante e preciso começar a pensar a respeito."

O cliente, muitas vezes, espera um direcionamento do profissional que o acompanha. Diz não saber rapidamente, sem pensar de maneira profunda no que realmente é importante. Mas ele, na maioria das vezes, tem essa resposta. Nós, como coaches, precisamos dar a oportunidade e deixá-lo se expressar. Na ânsia de querermos definir uma pauta para a sessão, podemos direcionar e fechar objetivos que não foram estabelecidos pelo cliente, e sim direcionados por nós diante de uma frase dita apenas como processo de elaboração sobre o que irá trabalhar na sessão.

Lembre-se: o processo de coaching é de cocriação. A agenda é do cliente. Em vez de querer a todo custo contratar algo junto com seu cliente, concentre-se em respeitá-lo no movimento e necessidades do momento.

UM CONVITE À REFLEXÃO

Você já se percebeu direcionando, saindo da agenda do cliente em algumas ocasiões? Quais impactos isso pode trazer para a sessão e para o processo de coaching?

Caso isso ocorra, como podemos retomar a agenda do cliente? O que você faria?

• • •

Felipe: Ajustando a rota

Felipe me procurou ao final de setembro de um determinado ano para pensar nas metas e objetivos para o ano seguinte, quando gostaria de imprimir mudanças significativas em sua carreira. O contrato foi bem estabelecido e o cliente estava bastante motivado com o processo. As sessões seriam remotas, via internet.

Nossa terceira sessão se iniciou normalmente, nos mesmos moldes das anteriores, porém, em um determinado momento, ele "desaba", começa a chorar compulsivamente a ponto de não conseguir expressar o que estava acontecendo. Após o longo tempo que foi necessário para fluir a emoção, o cliente, bastante sem graça, decide compartilhar o ocorrido. Havia sido surpreendido pelo fim de seu relacionamento conjugal. Não conseguia pensar em mais nada, o que é compreensível.

Desculpando-se, disse:

"Não consigo continuar com objetivo profissional, talvez seja melhor interromper o processo, mas você tem me ajudado muito. Na verdade, preciso rever minhas metas pessoais neste momento, construir plano de ação para encontrar uma nova casa, conciliar mudança com trabalho, reencontrar e fazer novos amigos, enfim, reconstruir minha vida. Podemos continuar, mas mudar o objetivo?"

Após bastante refletir, respondi que sim, mesmo sem certeza de que seria a resposta certa. Sugeri que ele também buscasse ajuda de um psicólogo, o que ele concordou. As sessões seguintes foram recheadas de muita emoção, mas conseguimos manter o foco nos planos de ação, devido ao perfil objetivo do cliente e ao seu comprometimento.

Confesso que até hoje tenho dúvidas se essa foi a melhor decisão. Dois fatores foram importantes para que eu aceitasse continuar o processo: acreditar que o cliente conseguiria manter seu objetivo e ele ter buscado ajuda psicológica.

UM CONVITE À REFLEXÃO

O que você teria feito nessa situação? Qual é a sua experiência em lidar com emoções fortes em sessões não presenciais?

...

Simone: Buscando o valor? Será?

Em uma sessão, Simone tinha como objetivo construir um plano de ação, uma agenda, para um projeto importante. Tentei aplicar os níveis lógicos para buscar o valor e a importância desse objetivo para ela, porém ela voltava para o prático, datas, tarefas. Ao final da sessão, o plano de ação estava feito, a cliente motivada e o feedback foi positivo.

Eu, coach, tenho a crença de que buscar o valor e a importância do objetivo é essencial. Como não consegui fazer isso, fiquei frustrada comigo mesma. Apesar do feedback positivo, achei que a sessão não havia sido produtiva. "Não sou uma boa coach."

Fui buscar uma supervisão e a conclusão foi: a necessidade do cliente naquele momento era apenas a agenda, o prático. Afinal, a sessão é do cliente ou não? Então, não há por que se frustrar.

O coach precisa perceber os seus sentimentos e comportamentos, se autoavaliar. Buscar suporte de supervisão e mentoria são essenciais para o constante desenvolvimento.

UM CONVITE À REFLEXÃO

Você já teve alguma experiência de frustração como nesse caso? Como utiliza a supervisão e a mentoria?

• • •

Andreia: Lidando com as expectativas

Andreia procurou o coaching para trabalhar a área profissional. Gostaria de entender melhor quais eram seus pontos fortes e quais caminhos profissionais poderiam deixá-la mais feliz, uma vez que sua experiência abrangia algumas áreas. Queria focar para encontrar uma nova oportunidade profissional, mais alinhada com seu perfil e valores.

Ela tem um estilo objetivo, assertivo, focado em resultado, resolvedora de problemas, daquelas pessoas que fazem muitas coisas ao mesmo tempo e, no meu entendimento, bastante agitada. Logo na primeira sessão, senti uma inquietude quando a cliente chegou atrasada e interrompeu a sessão por duas vezes. Apesar de estar atenta à sessão, minha percepção era que não estava realmente presente. No início, me sentia desconfortável com esse comportamento, queria ajudá-la e sabia que ela podia atingir seu objetivo, mas, para mim, não conseguiríamos avançar com aquela forma de lidar com a sessão. Não percebia entrega, foco, concentração para que as soluções pudessem vir à tona. Agradável engano!

Para minha surpresa, as sessões com a Andreia fluíam com criatividade, leveza, expansão. Ela chegava aberta para o novo e, assim que decidia sobre o que desejava daquela sessão, existia, sim, a entrega, a presença e as soluções apareciam com naturalidade. A diferença é que não era da maneira que eu entendia que deveria ser, mas no estilo da coachee, expansiva, objetiva e olhando para o resultado o tempo todo.

Todos nós vemos o mundo de acordo com nossos filtros mentais. Ao longo de nossas vidas, passamos por situações na família, escola e no trabalho que vão criando conexões e formam nosso mapa mental, que direciona a forma como vemos o mundo. Uma mesma situação pode ser interpretada por duas pessoas de formas diferentes, pois cada uma vivenciou experiências distintas e, portanto, seus mapas mentais nunca serão iguais.

Minha concepção quanto aos comportamentos que indicam presença, foco e concentração estava equivocada. Estava olhando a situação através dos meus filtros, ou seja, as experiências vivenciadas por mim e que podem não retratar a realidade. Minha experiência com essa coachee me deu a oportunidade de aprender que não podemos prever se a pessoa está focada, concentrada ou em qualquer outro estado emocional. As pessoas são únicas e agem de maneiras diferentes.

O coach deve estar atento aos seus pensamentos e sentimentos, deixando-os de lado e concentrando-se somente no cliente, naquilo que ele traz em sua fala e linguagem corporal. Somente o cliente pode indicar como a sessão está caminhando.

Em uma relação de parceria e aprendizado, todos aprendem.

UM CONVITE À REFLEXÃO

Quais foram seus maiores aprendizados com seus clientes? Como você conseguiu aplicá-los em sua atuação como coach?

...

Marília: O melhor resultado é do cliente

Marília busca estabelecer um planejamento financeiro para que possa poupar e, assim, comprar seu imóvel e sair do aluguel. Algo que lhe traria, segundo a cliente, mais segurança e estabilidade. Marília sabe que precisa mensurar seus ganhos e gastos e, a partir disso, analisar e criar formas de reduzir gastos.

Ao lhe perguntar:

"E o que mais você poderia fazer?"

Ela dizia:

"Não sei."

Suas respostas estavam baseadas naquilo que já sabia e imaginava que deveria fazer.

Minha percepção era que ela poderia fazer algo a mais para alcançar seu objetivo. E ao questioná-la, ela continuava dizendo:

"Não sei. Acho que é só isso!"

E continuo:

"Se soubesse, o que seria?"

E ela após um tempo de silêncio fala:

"Não sei."

Peço à Marília para visualizar uma situação ideal e me dizer qual seria o melhor caminho para que pudesse guardar mais dinheiro. E novamente Marília repete as mesmas ações estabelecidas anteriormente.

Na sessão, a coachee conseguiu criar estratégias para redução de custos e uma porcentagem financeira para investimento.

Terminamos validando a sessão e a cliente diz:

"Foi muito bom. Pude refletir e abrir novos horizontes. Consegui estabelecer ações para redução de custo e isso vai me permitir guardar dinheiro."

Muitas vezes, esperamos algo de nosso cliente e, se não tomarmos cuidado, podemos nos frustrar quando ele não entrega aquilo que acreditávamos que iria desenvolver. Em determinado momento me peguei esperando um algo a mais da cliente. Cheguei a desejar e pensar que ela poderia entregar algo diferente e "melhor". Mas quem disse que temos que ter, enquanto coaches, alguma expectativa em relação ao resultado do cliente? Se para Marília aquele era o melhor resultado, devemos celebrar com ela aquilo que conseguiu atingir no momento.

UM CONVITE À REFLEXÃO

Para que servem as percepções e pensamentos do coach? Quais aspectos positivos com o contato com nossas percepções e sentimentos sobre nosso cliente? Quais cuidados devemos tomar para que elas não interfiram diretamente no processo do cliente?

• • •

Cátia: Inspirando pessoas em direção a um futuro almejado

Como melhor resultado para a sessão do dia, Cátia gostaria de estabelecer uma forma de pontuar os impactos e riscos de seu trabalho junto à sua equipe.

Após fecharmos o contrato, sugiro à Cátia um exercício de visualização que poderia ajudá-la. Ela aceita. Peço-lhe para fechar os olhos e encontrar um mentor, ou seja, alguém que ela identifica que faz bem essa tarefa que deseja realizar. Solicitei que perguntasse a ele sobre a questão em pauta e ouvisse a resposta que gostaria de obter dele.

Terminado o exercício, pergunto:

"E você, o que pode fazer para alcançar isso que deseja?"

Cátia sai com uma série de respostas para si mesma. Algumas delas vêm de respostas obtidas no exercício proposto. A cliente diz a si mesma que é preciso levantar dados, analisar informações, se atentar às regras e normas e, ainda, argumentar com fatos e dados concretos e relevantes:

"Assim me sinto firme, segura, reconhecida pelo que faço e passo a ter uma visibilidade positiva. Com isso, fico mais motivada por fazer algo bem feito e que é importante para a organização."

Essa foi uma ferramenta que escolhi com autorização da coachee. Poderia ter lançado mão de outras ferramentas ou não ter usado nenhuma. Poderia ter usado apenas metáforas, parafraseado, trazido exemplos ou solicitado exemplos para a cliente. Poderia apenas estar presente, ouvir e lançar perguntas instigantes e poderosas. Independentemente do que escolhi usar na sessão, a intenção era possibilitar que a pessoa refletisse, chegasse a uma consciência e pudesse traçar um caminho próprio.

UM CONVITE À REFLEXÃO

Qual a sua opinião sobre os exercícios de visualização? Você os utiliza com frequência? Quando? Quais cuidados são importantes tomar para que possa usar ferramentas como esta?

...

Sofia: Criando um quadro mental de resultados

Sofia tem um negócio em parceria com outras profissionais, porém precisa ajustar alguns pontos com suas sócias. Precisa de mais interação e comprometimento das parceiras para que o negócio cresça e se firme no mercado.

Sofia chega para a sessão e o acordo estabelecido foi: quais ações devo tomar para colocar as necessidades do negócio para sua equipe?

Instigo a cliente a trazer o valor e propósito de seu objetivo como forma de engajá-la em sua proposta:

"Por que isso é importante para você?"

"Porque só assim vamos crescer e teremos uma estrutura bacana e confortável para os clientes. Prezo pelo bom atendimento e qualidade de serviços prestados. E também, não quero mais ouvir reclamação dos profissionais."

Digo à Sofia:

"Ouço você dizer que quer colocar para suas parceiras de trabalho questões importantes que precisam ser feitas para melhoria. O que precisa ter para alcançar esse objetivo?"

E ela imediatamente responde:

"Preciso ser objetiva, direta e firme."

E continuo:

"E o que mais?"

Sofia diz:

"Preciso ser clara, sem ficar rodeando e falando o que acho, mas pontuando o que tem que ser feito e pronto."

"Estou curiosa, Sofia, quem é essa Sofia que fala de maneira clara e pontual?"

Sofia solta um sorriso e diz:

"É a dona do negócio!"

Digo a Sofia:

"Suponha que você não ficasse rodeando e fizesse uma reunião de forma objetiva e clara. Como estaria fazendo?"

Após um período de silêncio, a cliente responde:

"Nossa, me imaginei nessa reunião de pé, falando com voz firme, olhando para elas e pontuando o que tem que ser dito diretamente. E aí só depois abriria para discussão. Primeiro eu falo. Eu conduzo."

Seguindo a sessão, questiono a cliente:

"Que recursos você precisaria adquirir para fazer isso de forma direta e firme?"

Neste momento, Sofia fica em silêncio e depois argumenta:

"Primeiro organizar meu pensamento e saber o que quero falar. Estar confiante do que quero e preciso."

"E o que mais?", pergunto.

E Sofia acrescenta:

"Fazer um checklist com tudo o que precisa ser feito para passar para elas."

Pergunto:

"Qual o primeiro passo que você pode dar, então?"

Sofia começa a organizar os passos:

"Marcar imediatamente uma reunião com elas. Montar na minha cabeça, ou melhor, colocar em um papel a pauta da reunião para eu não me perder e seguir uma linha de raciocínio para que eu diga o que tem que ser dito objetivamente, sem rodeios."

"E depois?", questiono.

Sofia prossegue:

"Revisitar contrato e proposta inicial de parceria com elas. Anotar o que funcionou até aqui e o que não está funcionando. Listar pontos de melhoria do trabalho e da parceria. Assim eu digo o que eu preciso e podemos esclarecer pontos que ficaram obscuros lá atrás."

Em seguida, entro nos planos de contingência, levando a pensar sobre o que poderia impedir o atingimento do objetivo. O que vai fazer caso encontre obstáculos e dificuldades? Como pode minimizar esses impactos? O que pode dar errado nesse plano? O que fará para corrigi-lo? O que ou quem poderá ajudá-la nesse momento?

Ajudar o cliente a construir uma estrutura de apoio e manter-se comprometido com seu objetivo ao longo do tempo permite maiores chances de obter o que almeja.

Criar um quadro mental vinculado a uma visão inspiradora e motivadora e traçar ações a serem executadas nos leva em direção a um futuro almejado. Coaching vem para:

- » Onde o cliente está e aonde quer chegar.
- » Por que isso é importante: propósito.
- » Os recursos que precisa para sair de um estado e ir para o outro; qual o plano de ação para ir em direção ao futuro desejado.

Percebo a importância de fazer perguntas voltadas para soluções, permitindo que o cliente visualize o resultado desejado e crie ações possíveis para alcançá-las.

UM CONVITE À REFLEXÃO

Quais fatores em sua conduta como coach são importantes para que o cliente possa produzir, criar ações e ir ao encontro do esperado?

...

Robson: Abertura de espaço para novos aprendizados

Robson é gerente de operações. Sabe que é bom operacionalmente, mas diz "deixar a desejar na sua capacidade de gestão de pessoas". Tem um time para gerir e relata que "sua equipe está sem orientação".

Em uma de suas sessões, diz querer pensar em ações para mudar esse cenário. Quer ter mais foco em gestão e dedicar mais tempo à sua equipe.

Convido Robson a fazer um exercício. Ele aceita. Peço que imagine uma porta à sua frente. Essa porta, quando aberta por ele, irá levá-lo para um lugar onde ele já é um bom gestor de pessoas. Ao embarcar nessa viagem, Robson visualiza ações que, até então, não executava. Pode visualizar ainda ações que possa realizar.

Mas essa intervenção por si só o levaria a essa mudança que estava buscando? Como ele se comprometeria com isso? O que lhe traria de benefício? Como Robson garantiria que essas ações estabelecidas seriam executadas por ele? Esses e outros questionamentos vieram para ajudar Robson a estabelecer um plano de ação, gerir e responsabilizar-se pelo progresso.

Robson cria um dispositivo e diz:

"Todos os dias, ao entrar no elevador da empresa, vou olhar para o espelho e ter em mente o que é ser eficiente e qual papel/função exerço a partir de então."

Nesse caso, a ferramenta usada pôde abrir espaço de aprendizado para o cliente.

O processo de coaching pode vir atrelado a um conjunto de ferramentas, cada uma delas com a sua devida importância e aplicabilidade. Cabe ao coach identificar as melhores experiências de acordo com as necessidades, objetivos e perfil de seu coachee, pois não existe ferramenta melhor ou pior, e sim a mais adequada para cada caso.

Um processo de coaching não é somente aplicar ferramentas, aliás, nem sempre as usamos e quando a usamos devemos pedir licença e autorização para o coachee, assim como qualquer outra ação ou pensamento vindo de nós, coaches. Qualquer pessoa pode usar ferramentas de coaching. Isso não a torna um coach profissional.

Cada coach criará seu próprio estilo com seus próprios materiais, ferramentas etc., respeitando sempre a ética, as regras preestabelecidas e as competências que regem a profissão.

UM CONVITE À REFLEXÃO

Sabemos que há muitas ferramentas que podemos lançar mão durante uma sessão de coaching. Quando utilizá-las? Como você aborda o cliente e sugere determinado exercício? Pois bem, seu cliente pode se recusar e não querer fazer uso de ferramentas propostas. O que faz diante desse fato?

Fernando: Melhor do que evoluir nas competências é ressignificá-las

Fernando iniciou seu processo de coaching com o objetivo de desenvolver competências de liderança. Na primeira sessão, foram exploradas quais competências um bom líder deveria possuir segundo o entendimento de Fernando e, entre elas, a quais ele gostaria de dar maior foco de desenvolvimento. Nessa sessão, Fernando também definiu uma nota que ele dava para si mesmo naquele momento em cada uma das competências, e, assim, o processo evoluiu, norteado por esse contrato estabelecido na primeira sessão, desencadeando muitas descobertas ao longo do tempo.

No penúltimo encontro, o cliente iniciou a sessão resgatando sua evolução ao longo do processo, então questionei se ele queria rever o contrato da primeira sessão e ele disse que sim. Nesse resgate, Fernando foi descrevendo o significado de cada competência e percebeu que, independentemente da nota que havia estabelecido no início, hoje ele compreendia as competências sob uma nova perspectiva.

Um dos pontos que chamou a atenção de Fernando foi sua habilidade de persuasão e influência. Fernando então disse em tom de reflexão:

"Sabe, a princípio ser persuasivo e influente para mim era conseguir vender minhas ideias, envolver as pessoas facilitando a aceitação de meus projetos. Hoje eu penso bem diferente. Um projeto e uma ideia de fato precisam fazer sentido e beneficiar outras pessoas também. Compreendo que só consigo influenciar ouvindo as pessoas e entendendo suas necessidades."

Com o objetivo de explorar mais o aprendizado e a evolução, perguntei:

"Então, sob essa nova ótica, como você se sente atualmente nessa competência?"

"Percebo que desde o início eu não precisava desenvolver a influência, mas minha capacidade de ouvir e entender as pessoas, e nessa competência eu me desenvolvi bastante."

Naquele momento, senti que eu poderia ter estimulado melhor esses aprendizados nas sessões intermediárias. Acredito que esse resgate ajudaria o cliente a evoluir ainda mais no processo através da consciência do novo significado e olhar sobre as competências definidas no início do programa.

UM CONVITE À REFLEXÃO
Como você estimula o aprendizado de seus clientes?

• • •

Luiza: Quando a emoção aflora

Luiza estava questionando sua atuação profissional como coach. Considerava suas sessões muito longas, porém não conseguia fazê-las mais curtas. Acreditava que quanto mais tempo investisse mais contribuiria com o resultado para o cliente. Explorando um pouco mais, percebemos que ser bem avaliada era de extrema importância para Luiza. E se trouxesse resultado, seria bem avaliada.

Aprofundando ainda mais, ser bem avaliada representava se sentir competente. Ou seja, partimos do tema "sessões longas demais" para elucidar valores cada vez mais profundos: contribuir mais e dar resultado → ser bem avaliada → sentir-se competente.

A frase dela foi:

"Quero ser bem avaliada, então faço mais, pois no fundo me sinto incompetente."

Questionei se sentir-se incompetente era uma crença ou uma verdade, e ela respondeu:

"Não sei, acho que é verdade."

Nesse momento, ela começa a chorar de forma bastante intensa. Apesar de estarmos em uma sessão pela internet, consegui perceber. Dei tempo para que ela extravasasse sua emoção e seguimos com a sessão buscando fatores/situações que corroborassem para saber se essa percepção e sentimentos de incompetência eram crenças ou realmente verdades. Na sequência, questionamentos instigantes levaram a cliente a desconstruir a crença de que era incompetente e permitiram que ela elaborasse um plano de ação prático.

Ao final, sugeri que, em paralelo ao nosso processo, ela buscasse ajuda psicológica.

Para mim, o grande desafio foi manter a posição de coach no momento da emoção do cliente; nós, coaches, somos seres humanos. Vale lembrar que não estamos atuando como psicólogo e nem temos competência para isso. Não me envolver quando um cliente se emocionou solicitou de mim grande esforço. Para conseguir perceber a emoção do cliente estando à distância foram necessárias bastante atenção e sensibilidade.

Cada sessão é uma sessão, saber lidar com o imprevisto é, e será sempre, um desafio. Essa é a beleza da nossa profissão, em minha opinião.

UM CONVITE À REFLEXÃO

Você já se deparou com uma situação em que o cliente se emocionou muito? Como lidou com isso? Qual é a sua experiência com sessões à distância.

•••

Márcia: Centrando-se no cliente

Márcia procurou o processo de coaching para melhorar seu relacionamento interpessoal no trabalho, uma vez que entendia que seu contato com as pessoas era objetivo demais e queria ter uma comunicação mais aberta. Em uma das sessões, disse que gostaria de trabalhar sua aproximação das pessoas, pois se sentia sozinha e isolada. Prossegui nossa conversa utilizando os níveis lógicos e perguntei quem ela se tornaria se tivesse maior aproximação com as pessoas.

"Vou me sentir mais aceita, mais leve."

Então continuei:

"E porque é importante para você se sentir aceita e leve?"

"Na verdade, não importa se eles me aceitam, isso não importa, é um problema deles e não meu."

Fiquei curiosa com essas respostas que para mim pareciam um paradoxo. Por um lado ela quer ser aceita e por outro diz que não importa.

Em meus atendimentos, adoto uma abordagem com foco no que é positivo, explorando o que o cliente deseja, apoiando-o na busca da solução. Porém, naquela sessão, senti que precisava explorar se existia algum medo que a impedia de se aproximar das pessoas. Então sugeri:

"Imagine a Márcia sendo uma pessoa que possui uma comunicação muito aberta com as pessoas."

Esperei que pensasse um pouco e continuei:

"Qual o seu maior medo?"

E ela imediatamente respondeu:

"Tenho medo de me decepcionar com as pessoas. Já me decepcionei muito."

Esse foi um ponto importante para a sessão. Continuei agora retomando minha abordagem do foco no positivo, e perguntei:

"O que você gostaria de sentir no lugar do medo?"

E ela disse:

"Nem todas as pessoas me decepcionam, não quero pensar nisso ao me aproximar das pessoas."

"E como você gostaria de agir?", perguntei.

"Aproximar-me das pessoas de forma leve, tranquila, sem pensar no que vai acontecer depois."

Nessa sessão, me senti livre para abrir mão de uma forma de abordagem, me adaptar ao que a cliente estava trazendo e deixar minha intuição fluir, uma vez que senti que havia algum ponto importante que não estava sendo abordado.

Explorei o negativo, neste caso, o medo, que a impedia de se aproximar das pessoas. Mesmo não sendo a abordagem de coaching que costumo usar, explorar o medo funcionou muito bem nessa sessão. Deixei de lado metodologias e atentei somente à sessão, à cliente e a qual recurso eu poderia usar para apoiá-la, sempre preservando as competências e ética da prática.

UM CONVITE À REFLEXÃO

Como você lida com as diversas abordagens, teorias e metodologias que aprendemos ao longo de nossos estudos? Já teve alguma sessão na qual sentiu que precisava abrir mão de conceitos?

• • •

Priscila: Apoiando a cliente na visualização do futuro

Priscila buscou um processo de coaching, pois queria obter mais clareza de seus próximos passos de carreira, quais as áreas de atuação que gostaria de dar foco, além de entender melhor quais segmentos e tipos de empresas seriam mais interessantes pensando no curto e médio prazo. A cliente sentia que estava bem posicionada, uma vez que era bastante jovem e já havia alcançado uma posição de liderança, mas não tinha clareza se o caminho que havia trilhado até ali seria o que a deixaria mais feliz.

Ela tinha experiência em duas áreas correlatas e, em uma das sessões, disse que gostaria de obter mais clareza quanto a continuar atuando nas duas áreas ou dar maior foco a uma delas.

Com o intuito de apoiá-la na visualização de seu futuro profissional e possivelmente ter insights sobre sua atuação, perguntei:

"Se você pudesse se ver daqui a dois anos, feliz com sua carreira e com sua atuação, como seria essa Priscila?"

"Não sei", disse ela. "Eu preciso estar atuando para saber como vou me sentir. Preciso falar com pessoas das áreas para me ajudar a entender como funciona."

Quando ouvi essa frase, pensei que a cliente era bastante racional e que eu precisava buscar outros recursos para ajudá-la nesta exploração do futuro. Então, perguntei à cliente se havia alguém que admirava como profissional.

Ela parou por uns segundos e disse: "Sim, tem o Fulano."

"O que você admira nele?"

"Ele está sempre informado sobre as novas tendências na área, é engajado em projetos com um propósito. Seus projetos têm as pessoas como centro e normalmente atua com jovens."

Procurei estender esse processo exploratório:

"Quais outras pessoas são referências para você?"

A cliente citou mais três pessoas e descreveu o que admirava nelas.

Então perguntei: "Quais são os pontos em comum entre essas pessoas?"

"Todos trabalham com público jovem, atuam com projetos e seus trabalhos são focados nas pessoas. Realmente essas coisas são importantes para mim. Não havia percebido isso!", disse Priscila.

"E o que isso diz sobre suas possíveis áreas de atuação?", perguntei.

"Creio que posso atuar nas duas áreas, elas estão relacionadas ao que eu busco. Porém, como plano de ação, vou conversar com essas pessoas para entender melhor. Isso pode me ajudar."

Finalizamos a sessão e, como acontece ao final de todas, perguntei:

"Como está seu nível de clareza quanto à sua atuação?"

"Aumentou pouco", disse. "Porém me trouxe insights muito relevantes."

Dois pontos me chamaram atenção nessa sessão.

Como respeitar o estilo da cliente, racional que tem mais facilidade em trabalhar com dados mais palpáveis e ao mesmo tempo tirá-la da zona de conforto para que possa expandir seu campo de visão? Utilizar o conceito dos níveis lógicos foi um recurso importante para mim nesta conversa, considerando que a cliente estava no nível de comportamento e ações e para que ela pudesse ampliar suas possibilidades, seria interessante que ela experimentasse o nível da visão e identidade conforme falamos em "Além dos Valores" Capítulo 1 do livro. Neste caso, segui pelo caminho de tentar trazer referências reais para a sessão, mas que, ao mesmo tempo, a levassem a considerar situações diferentes daquelas que já havia experimentado.

O outro ponto foi sobre a evolução no objetivo, a percepção da cliente de que não avançou no seu objetivo. Para esse perfil, somente ter clareza sobre aonde chegar não era um avanço significativo, mas, sim, obter dados mais concretos como conversar com as pessoas para saber como é a rotina. O fato de não ter identificado avanço não significa que a sessão não foi boa. Quem define a evolução é o cliente.

UM CONVITE À REFLEXÃO

Quais abordagens você já usou para apoiar seu cliente a visualizar o futuro? Já teve alguma dificuldade?

...

Nossas Reflexões e Considerações

Atuação do Coach e uso das ferramentas

Enquanto coaches, temos uma vasta lista de exercícios e ferramentas que aprendemos e podem ser aplicados nas sessões de coaching. Alguns nos são mais familiares e nos sentimos confortáveis em aplicar. Outros, não usamos.

A forma de atuação do coach vai depender de como gosta e se sente à vontade em conduzir o processo junto a seu cliente, como também do perfil e da necessidade do coachee, que precisam ser respeitados. Usamos perguntas provocativas, ferramentas objetivas, visualizações, entre tantas outras formas.

Vale pensar sobre o significado e domínio que possuímos das ferramentas aplicadas para que elas sejam bem utilizadas e façam sentido, sempre dentro de um processo criativo e de cocriação com o cliente. Juntos, coach e coachee, como parceiros de conversação, movem-se ao longo de uma conversa eficiente e satisfatória. Coaches estão para favorecer essa caminhada e, como ajuda ao cliente, podem lançar mão de formas, incluindo aqui as perguntas poderosas, questionamentos instigantes, metáforas e ferramentas, que podem revelar-se ricas quando bem aplicadas no momento adequado para o avanço e aprendizado do cliente.

Lembrando que o coaching não é apenas o uso de ferramentas. É presença que olha para a grandeza do cliente, dentro de um espaço de sintonia comum que possibilita o despertar de todo o seu potencial e visão inspiradora sobre o futuro.

Quanto maior a experiência do coach, menor a necessidade da aplicação de ferramentas, fazendo uso de seu estilo próprio. Usando uma metáfora, as ferramentas servem como as rodinhas da bicicleta para quem está aprendendo a andar.

Ressaltamos que existem também alguns instrumentos de avaliação, *assessments* que identificam perfis psicológicos, comportamentais, estilos de comunicação, competências etc. Estes podem ser utilizados como apoio para um trabalho de coaching.

Estado e estilos de clientes

Será que todo cliente que nos procura está pronto para realizar um processo de coaching? Como identificá-lo? O coachee pode chegar até nós, coaches, em três estados: visitante, reclamante e o verdadeiro cliente.

O que chamamos de visitante são pessoas que, apesar de dizer que querem o trabalho, não se envolvem de forma efetiva com os objetivos e ações. São pessoas curiosas, mas não se sentem engajadas, não reconhecem ou conseguem estabelecer um objetivo específico a ser alcançado. Por exemplo, clientes que foram indicados pelo seu gestor para um processo de coaching, seja com ou sem uma meta predefinida, mas não se comprometem, faltam, desmarcam, atrasam, não têm interesse e expectativa de mudar algo ou atingir os objetivos propostos.

Já os reclamantes são aqueles que manifestam o desejo de realizar algo, porém sua energia é utilizada para os afastar daquilo que buscam. São pessoas que criam muitos empecilhos, pensam mais nos aspectos negativos, são queixosas, colocam objeções e se fazem de vítimas perante as situações. São pessoas que ainda não se sentem capazes ou não acreditam que sejam possível realizar seus objetivos.

O verdadeiro cliente de coaching é aquele que usa toda sua energia para o alcance de seus objetivos, metas e ações. Está determinado e totalmente engajado. É criador de suas respostas e está disposto a fazer algo para atingir o que almeja.

O cliente visitante não está pronto para o processo de coaching, uma vez que não está comprometido com o trabalho. Já o reclamante deve ser apoiado pelo coach a obter a visão positiva, ou seja, o coach deve ouvir as queixas e em seguida levá-lo a enxergar possibilidades. Por exemplo, o coach questiona: "O que você quer em vez de...?"

Há diversas formas e nomenclaturas para se identificar estilos dos clientes. Cada escola aborda o tema de uma forma. Não podemos considerar isso uma rotulação, apenas uma indicação que nos ajudará a aprender a lidar com os diferentes perfis.

Aqui vamos falar da nossa experiência na prática profissional, sem nenhuma pretensão acadêmica ou científica.

Em nossa vivência, nos deparamos com alguns tipos recorrentes:

» **Aquele que nunca sabe de nada, só fala "não sei"**

Quando fazemos perguntas exploratórias, a pessoa logo diz "não sei". Percebemos que existem três possíveis motivos para esse posicionamento:

1. O cliente pode não estar suficientemente esclarecido de que o processo é responsabilidade dele e então espera uma orientação ou posicionamento do coach. Vale aqui reforçar os papéis.

2. O cliente pode estar com dificuldade ou bloqueio de acessar o tema, ou seja, não quer tocar no assunto. Nesse caso, o coach pode usar da comunicação direta e passar ao cliente essa percepção. Por exemplo: "Minha percepção é que você tende a evitar esse assunto. Faz sentido para você?" Se o cliente responde positivamente, o coach pode explorar o tema, o que está levando o cliente a evitar o assunto.

3. O cliente está de fato "travado" e não enxerga possibilidades. O coach pode estimulá-lo com uma abordagem exploratória, por exemplo: "Entendo que você não sabe, podemos explorar alguns possíveis caminhos, um brainstorm?" Se a resposta for positiva, então o coach pode perguntar: "O que poderia constar numa lista de opções?" Agora se a resposta for novamente "não sei" o coach pode oferecer um leque de opções para que o cliente avalie o que faz sentido para ele, como um cardápio.

Em todos os casos, é importante dar um tempo para o cliente refletir e buscar suas respostas mais profundas antes de buscar alguma das abordagens acima.

» **O que coloca a responsabilidade nos outros**

O cliente pode ter um objetivo SMART, porém todas as alternativas e soluções encontradas por ele não estão em suas mãos, sob seu controle. "É o outro que precisa mudar e não eu." "Se ele deixasse de fazer isso, tudo estaria solucionado." Convidar o coachee a olhar para si, para suas possibilidades e responsabilidades pode ser um desafio.

» **O que tem facilidade de visualizar versus o que não tem**

Ocorre quando o cliente não consegue se projetar para um futuro e construir uma imagem positiva e inspiradora para busca de soluções, novos comportamentos e ações.

Convidar o cliente a visualizar possibilidades, projetando-o para outros cenários, gera novas respostas potenciais a questões atuais, permitindo novas conexões, aprendizados e soluções para o cliente. Uma vez aceito o convite, sua mente se transforma e ele se torna capaz de romper crenças limitantes, criando o poder de escolha e gerando mudanças. Mas nem todos os coachees conseguem embarcar nessa visualização de futuro. De alguma forma, não se sentem confortáveis na criação de novos filmes mentais que permitam a construção de comportamentos e saídas para seus obstáculos, característica essa que deve ser respeitada pelo coach.

» **"Se distancia de" ou "Vai em direção a"**

Existem clientes que direcionam seus pensamentos e ações para o que querem, neste caso estão no positivo: "Quero me preparar para mudar de emprego!" Outras pessoas tendem a focar o que não querem, o foco aqui é no negativo: "Não quero mais trabalhar nessa empresa!"
Para apoiar o cliente, que tende a se distanciar do que não quer, o coach pode utilizar a mesma abordagem que sugerimos anteriormente para o cliente reclamante, ou seja, tentar levar o cliente para o positivo, por exemplo: "Que tipo de empresa você então gostaria de trabalhar?" ou "Se você não quer mais trabalhar nesta empresa, do que você gostaria então?".

» **Reflexivo ou proativo**

O cliente reflexivo tende a explorar muito as ideias, possibilidades e cenário futuro. Este perfil tende a ter mais facilidade com as atividades de visualização e para buscar soluções. Entretanto tende a ficar muito na reflexão e pode ter dificuldade de colocar em prática. O coach pode contribuir estimulando a construção de um plano prático com ações bem definidas.

Um outro perfil é o proativo, mais pragmático, que tende a tomar decisões rápidas. É um cliente que tende a colocar suas ideias em prática com facilidade. Porém pode negligenciar alguns impactos. Nesse caso, o coach pode encorajá-lo ao planejamento e reflexão. A utilização dos níveis lógicos, que abordamos no Capítulo 1 em "Além dos valores", pode contribuir bastante nesse processo.

» **Específico e generalista**

Existem perfis que tendem a ser mais focados nos detalhes e definem tarefas e objetivos específicos. Podem ser bastante rígidos com controles e planejamentos, tendendo a postergar a ação.
Outro perfil é aquele mais generalista, que gosta de entender o contexto, tem uma visão macro e estrategista. Esse tipo de cliente pode ter dificuldade de elaborar um plano de ação e negligenciar detalhes importantes para realizar seu objetivo.

Em ambos os casos o coach pode adaptar sua linguagem para criar "rapport", porém também é papel do coach apoiar o cliente em suas possíveis dificuldades. A estrutura dos níveis lógicos poderá ajudar o coach e coachee nesse processo.

Capítulo 4

O COACHING DO COACH

Trabalhamos ajudando o cliente em seu autoconhecimento. E o nosso, estamos trabalhando? Dedicamos tempo para isso? Seria hora de passar por um processo de coaching?

Ser um coach agente transformador é ser e estar coerente com o propósito maior de seu trabalho. Enquanto profissionais devemos ter a integridade de viver aquilo que acreditamos e proporcionamos ao outro através do coaching. Nos dispor a refletir, fazer revisões e nos permitir questionar constantemente é tarefa de todo profissional que está consciente de si mesmo, alinhado aos seus valores e atuante em seu propósito. É se posicionar como indivíduo sem, portanto, deixar que seu modelo de mundo interfira no processo de seu cliente. Quanto mais consciência e autoconhecimento você tiver melhor será seu trabalho como coach e sua contribuição para o mundo.

Sugerimos a você algumas atividades e exercícios, não necessariamente vinculados a um processo de coaching, e que provavelmente já conhece. Acreditamos que eles podem ajudar neste processo de autoconhecimento e autodesenvolvimento.

Antes de iniciar, gostaríamos de compartilhar nossa experiência ao realizar as atividades propostas neste capítulo. Elas poderão servir como incentivo e ponto de reflexão.

Do momento em que decidimos que nós, autoras, precisávamos experimentar os exercícios, levamos um tempo para realmente nos dedicarmos às atividades. Daí surgiram alguns pensamentos e pontos de reflexão como: "Será que estou me sabotando?" "É só preguiça mesmo?" "Trabalho com essas questões todos os dias e acredito que já sei tudo isso?" Porém uma atitude fundamental para o progresso foi: "Pare de pensar muito e simplesmente faça." E após a execução identificamos que fazer sozinho realmente é mais difícil.

Pensar sobre valores foi um dos melhores exercícios. Muitos insights surgiram, e escrever sobre missão e visão nos dá uma motivação incrível. Identificar aquilo que gostamos de fazer e não fazemos e também o que não curtimos fazer é surpreendente. Pontos importantes de sabotadores surgiram dessa atividade e questionamentos como: "Será que 'tudo' que faço é realmente importante?"

Ao final, acreditamos que valeu a pena passar por todo o processo e deveríamos ter feito antes. Plano pronto e ações em andamento!

Agora é com você!

Quando foi a última vez que reviu seus valores? Falamos bastante da importância dos valores; eles ajudam a validar e precisam estar alinhados com nossa visão e missão.

E suas prioridades e objetivos, quando foram atualizados? Estou investindo o meu tempo e minha energia nas coisas mais importantes? O que é importante para mim?

A correria do dia a dia nos faz, muitas vezes, esquecer de nós mesmos.

O convite aqui é para um olhar, seja para seus valores, seja para sua trajetória de vida, para seu ambiente de trabalho, familiar, para suas relações ou para qualquer desafio que esteja enfrentando no campo no qual esteja investigando.

Ao explorarmos esses campos internos ou externos fazemos um reconhecimento de nossas necessidades, motivações, objetivos e crenças. E com isso nos fortalecemos.

Propomos seis exercícios. Convide um colega coach para fazê-los com você, caso sinta-se confortável.

Sugerimos não fazer todos os exercícios de uma única vez, lembrando que a ordem também não precisa ser seguida. Respondê-los de forma gradativa ao longo de um período gera melhores resultados e autoconhecimento.

Revendo nossos valores

Falamos do poder transformador da exploração de valores com o cliente. E você, coach, já fez algum exercício de elucidação de valores? Há quanto tempo não aborda essa questão?

Convidamos você a explorar seus próprios valores, caso já tenha feito isso em outra ocasião vale apenas comparar, porém apenas quando tiver concluído esta.

Trabalhar com seus valores é um processo para a vida inteira, que pode e deve ser revisto constantemente. Através deles, desenvolvemos uma compreensão profunda de nós mesmos e aprendemos habilidades e técnicas para nos ajudar a crescer e a encontrar a realização pessoal.

Eleja dez valores importantes para você. Ao final deste capítulo encontrará uma lista que pode dar-lhe algumas ideias.

_____   _____
_____   _____
_____   _____
_____   _____
_____   _____

Desses, quais você elegeria como os três mais importantes atualmente?

Com relação aos três valores mais importantes, responda às seguintes perguntas:

Por que cada um desses valores é importante para você?

Como você está vivenciando cada um desses três valores hoje?

Como você se sente quando outra pessoa não honra esses valores?

Quais desses valores você gostaria de viver mais?

O que você poderia parar de fazer para viver melhor esse valor?

O que você poderia começar a fazer para ajudá-lo a demonstrar mais esse valor?

Coach, você sabe que as perguntas podem ser infinitas. Passamos a bola para você. Quais outras perguntas você faria? Não se esqueça do seu plano de ação!

Lista com exemplos de valores — existem muitos outros que poderiam ser adicionados.

Tabela 4.1: Tabela de Valores

abundância	dignidade	natureza
aceitação	diligência	orgulho
adaptabilidade	dinheiro	originalidade
afetividade	disciplina	otimismo
agilidade	discrição	ousadia
agressividade	diversão	passividade
alegria	domínio	perfeição
alerta	educação	perseverança
altruísmo	eficácia	pessimismo
ambição	eficiência	poder
amizade	elegância	popularidade
amor	empatia	pragmatismo
aprendizado	encanto	prazer
assertividade	ensinar	preparação
atividade	entusiasmo	privacidade
autocontrole	equilíbrio	proatividade
aventura	espiritualidade	profissionalismo
beleza	espontaneidade	prosperidade
bem-estar	estabilidade	pureza
benevolência	excelência	qualidade
bondade	experiência	racionalidade
caridade	extroversão	rapidez
compaixão	fama	realismo
competição	família	realização
complexidade	fé	reconhecimento
compostura	felicidade	resistência

continua...

continuação

compromisso	fortaleza	respeito
conexão	gratidão	respeito próprio
confiança	habilidade	responsabilidade
conforto	harmonia	risco
congruência	heroísmo	sacrifício
conhecimento	honra	satisfação
consciência	humor	saúde
continuidade	independência	sensualidade
controle	influência	sexualidade
convicção	inspiração	silêncio
cooperação	inteligência	solidão
coragem	intensidade	solidariedade
crescimento	introversão	sucesso
criatividade	intuição	superação
cuidado	justiça	trabalho em equipe
curiosidade	juventude	tranquilidade
dependência	lealdade	valorização
desafio	liberdade	vencer
descanso	longevidade	verdade
descoberta	maturidade	vigor
destemor	modéstia	vitalidade
determinação	motivação	voluntariado
diferença	mudança	vontade

Fonte: As autoras

Propósito de vida

Você tem claro qual é o seu propósito de vida? Caso sim, relembre-o aqui. Seria o momento de revê-lo? Caso não tenha, seria hora de começar a defini-lo.

Qual o cenário ideal para sua vida? O que você busca? Qual é o seu sonho e para onde você gostaria de direcionar sua energia e recursos?

Existem várias formas de construir seu propósito. Sugerimos algumas delas:

Qual sua razão de existir? Qual é o seu sonho?

Como você se vê daqui a dez anos? Esta reflexão pode ser feita com o tempo que desejar.

Por que isso é importante para você?

Como você se sentirá quando chegar lá?

Quando você atingir este lugar, quem mais se beneficiará?

Qual estaria sendo sua contribuição para a sociedade?

Como esse propósito está alinhado com seus valores?

Você está vivendo seu propósito de forma consciente e responsável? Seus projetos, planos, prioridades atuais estão alinhados com seu propósito?

Nosso propósito deve ser revisto e pode mudar várias vezes durante a vida.

Ressignificando Crenças Limitantes

Existem pensamentos que limitam seu desenvolvimento e alcance de seus objetivos?

Então vamos lá!

Escolha um pensamento ou crença que você entenda ser mais impactante negativamente no alcance de seus objetivos.

Agora, escreva em uma frase simples e objetiva. Por exemplo:

Eu não sou suficientemente competente!

Eu me sinto incapaz de ter um relacionamento saudável!

Eu não consigo aprender matemática!

Essa crença é realista? Existe alguma evidência disso?

Responda:

Quais consequências negativas você já experimentou como resultado dessa crença?

Quais emoções você sente? (Exemplos: ansiedade, baixo grau de satisfação...)

Que imagens vêm à tona do passado ou futuro quando você acredita nesse pensamento?

Quais são os comportamentos indesejados que você tem?

O que você ganha por acreditar nisso?

Qual medo você tem que aconteça se não acreditar mais nessa crença?

Agora:

Como você e sua vida seriam sem essa crença?

Feche os olhos e tente imaginar novas possibilidades. Construa em sua mente um novo pensamento carregado de crenças positivas e poderosas.

Reescreva as frases com esse novo cenário. Por exemplo:

Sou suficientemente competente!

Sou capaz de ter um relacionamento saudável!

Consigo aprender matemática com facilidade!

Escreva três atitudes específicas que você possa ter para passar a vivenciar essa nova crença.

Quão comprometido você está com essas atitudes?

Temos a possibilidade de nos vermos tanto no passado (para ressignificar nosso pensamento), quanto no futuro. Embora nosso cérebro não compreenda o que é imaginário e real, está sob nosso poder a escolha, no que vamos acreditar, os pensamentos que vamos alimentar e a maneira como vamos nos comportar. Quanto mais conscientes estivermos, mais nossas ações serão responsáveis e efetivas beneficiando a nós e a nossos relacionamentos, sejam eles pessoais ou profissionais.

Curtigrama

Tabela 4.2: Curtigrama

Gosto e Não Faço	Gosto e Faço
Não Gosto e Faço	**Não Gosto e Não faço**

Aqui a proposta é responder às perguntas abaixo preenchendo o quadro, considerando o que você está vivendo hoje.

O que você gosta e não faz, seja qual for a razão para não fazer?

O que você gosta e faz em sua rotina?

O que você não gosta e faz, por necessidade, obrigação ou simplesmente costume?

O que você não gosta e não faz?

Se você já preencheu, responda estas outras perguntas:

Das coisas que você gosta e não faz, o que você poderia passar a fazer para mudar para o quadrante gosto e faço?

Só essa(s)? Vamos, você pode encontrar uma outra!

Como faria isso?

Das coisas que você não gosta e faz, o que você poderia deixar de fazer e mudar para o quadrante não gosto e não faço?

Alguma outra?

Como faria isso?

Aqui é provável que tenham coisas que, apesar de não gostar, terá que continuar fazendo, por exemplo, pagar as contas, ir ao mercado, entre outras.

Que tal revê-las? Você incluiria mais alguma coisa nos quadrantes?

Agora é só ir para a ação! Mãos à obra!

Autoavaliação

Consideramos que para nosso desenvolvimento e autoconhecimento é válido estarmos cientes dos nossos pontos fortes e daqueles que precisam ser desenvolvidos.

Aqui vai uma sugestão. Você pode se autoavaliar ou solicitar para algumas pessoas importantes que preencham o quadro abaixo.

Ao responder, seja sincero e o mais específico possível. Evite respostas genéricas.

De tudo o que você conhece a seu respeito priorize até três comportamentos para cada coluna.

Tabela 4.3: Avaliação de Comportamentos

Parar de:	Continuar a:	Começar a:
(Comportamentos que observo e percebo que atrapalham o meu desempenho ou prejudicam os meus relacionamentos)	(Comportamentos que observo e ajudam o meu desempenho ou favorecem os meus relacionamentos)	(Comportamentos que acho que poderia desenvolver)

Plano de desenvolvimento

Levando em consideração seus valores, propósito e objetivos pessoais e/ou profissionais, que tal fazer um plano de desenvolvimento com base em suas descobertas com os exercícios anteriores?

Você sabe onde e como gostaria de estar daqui a seis meses?

Tabela 4.4: Plano de Desenvolvimento

Objetivos de desenvolvimento: O que você precisa focar para daqui a SEIS meses ter os resultados desejados? Resultados Desejados Nota Atual — Nota Desejada	Atividades para desenvolvimento: O que você vai fazer de concreto para desenvolver e/ou avançar no seu objetivo SMART?	Prazos/Responsabilidade (Data, recursos, apoio)
1.	1.	1.
2.	2.	2.
3.	3.	3.

continua...

continuação

Obstáculos potenciais (Internos e externos)	Como pretende superar os obstáculos sob seu controle ou negociar os que dependem de outra(s) pessoa(s)	Como você vai avaliar seu progresso em cada ponto a desenvolver
1.	1.	1.
2.	2.	2.
3.	3.	3.

Se for ajudá-lo, o mesmo exercício pode ser feito para períodos de médio e longo prazo.

UM CONVITE À REFLEXÃO

O que você achou destes exercícios? Já os conheciam? Foram úteis?

Existem muitos outros exercícios que nos permite revisitar nosso propósito, valores e objetivos. Quais você utiliza?

• • •

EPÍLOGO
Como Foi Escrever o Livro

Gostaríamos de compartilhar como foi para nós a experiência de escrever este livro. Podemos dizer que foi incrível!

A ideia surgiu durante a formação que fizemos juntas, e após colocarmos em prática esse projeto nos dedicamos intensamente durante um ano e meio. Conciliar a redação com nossos compromissos profissionais e pessoais foi desafiador. Mas valeu a pena! Faríamos tudo novamente!

Foi divertido, aprendemos muito, nos conhecemos melhor e fortalecemos ainda mais nossa amizade. Vibramos com cada ideia nova, rimos uma das outras com algumas bobagens que escrevíamos. A cada releitura enxergávamos com um olhar diferente e descobríamos uma outra forma que poderia ser ainda melhor. Um período de muitas trocas, muitos estudos, aprendizados e amadurecimento. A cada capítulo precisávamos estudar e compartilhar nossas percepções e cada uma, com seu perfil, contribuía com o todo e ao mesmo tempo com o aprimoramento individual.

Cada caso aqui escrito foi cuidadosamente escolhido pensando sempre na confidencialidade e no aprendizado que a experiência poderia levar aos nossos leitores. Além disso, esses casos trouxeram grandes insights para nós, enquanto coaches. Escrever a situação e compartilhar entre nós permitiu desenvolver e ampliar nossa visão e percepção de cada situação.

O Capítulo 2 foi nosso maior desafio! Falar da complexidade humana definitivamente não é fácil. Foi no que investimos mais tempo e o que nos trouxe maior aprendizado. São muitas literaturas, abordagens, perspectivas e percepções a serem exploradas, interpretadas. Talvez merecesse um livro à parte.

Precisamos colocar um ponto final e seguir para um novo desafio: iniciar as revisões por terceiros e aprender como se edita e publica um livro.

Agora a sensação é de missão cumprida! Foi um trabalho feito com muito amor e dedicação, com o objetivo de levar aos nossos colegas um pouco de nossas experiências, buscando uma relação de troca. Estamos ansiosas para ver o resultado sob o olhar dos leitores, mas essa experiência contaremos em um próximo livro — quem sabe?

Esperamos que o trabalho possa ajudá-lo!

Esperamos que para você também tenha sido uma experiência rica e única, tanto quanto foi para nós. Que esta leitura tenha sido útil e proveitosa. Até breve!

Referências Bibliográficas

ALVES, Rubem. *O Amor que Acende a Lua*. São Paulo: Papirus, 1999.

ATKINSON, Marilyn W e Rae T. Chois. *A Arte e a Ciência do Coaching:* A dinâmica interna do coaching. 1ª edição. São Paulo: Perse, 2011.

ATKINSON, Marilyn W e Rae T. Chois. *A Arte e a Ciência do Coaching*: Coaching passo a passo. São Paulo: Perse, 2014.

BARRETT, Richard. *Organizações Dirigida por Valores*: Liberando o potencial humano para performance e lucratividade. São Paulo: Elsevier, 2014.

BUCKINGHAM, Marcus. *Descubra Seus Pontos Fortes*. Rio de Janeiro: Sextante, 2008.

CARRENHO, Esther; TASSINARI, Márcia; PINTO, Marcos Alberto da S. *Praticando a Abordagem Centrada na Pessoa*: Dúvidas e perguntas mais frequentes. São Paulo: Carrenho Editorial, 2010.

DAMÁSIO, António R. *E o Cérebro Criou o Homem*. São Paulo: Companhia das Letras, 2011.

DAMÁSIO, António R. *O Erro de Descartes*. 2ª edição. São Paulo: Companhia das Letras, 1996.

DILTS, Roberts; Epstein, Todd A. *Dynamic Learning*. Meta Publications, 1995.

FRANKL, Viktor E. *Psicoterapia e Sentido da Vida*. São Paulo: Quadrante, 2003.

GALLWEY, W. Timothy. *O Jogo Interior de Tênis*. São Paulo: Texto Novo, 1996.

GOLEMAN, Daniel. *Inteligência Emocional*: A teoria revolucionária que define o que é ser inteligente. Rio de Janeiro: Objetiva, 1995.

KAHNEMAN, Daniel. *Rápido e Devagar*: Duas formas de pensar. Rio de Janeiro: Objetiva, 2011.

MARTINS, Vera. *O Emocional Inteligente*: Como usar a razão para equilibrar a emoção. Rio de Janeiro: Alta Books, 2015.

ROCK, David. *Liderança Tranquila*: Não diga aos outros o que fazer: Ensine-os a pensar. Rio de Janeiro: Alta Books, 2017.

ROSENBERG, Marshall B. *Comunicação Não Violenta*: Técnicas para aprimorar relacionamentos pessoais e profissionais. São Paulo: Ágora, 2006.

ROGERS, Carl. *Resenha da Obra*: Liberdade para aprender. 2ª edição. Belo Horizonte: Interlivros, 1973. Ano da primeira edição: 1969.

ROGERS, Carl R. *De Pessoa para Pessoa*: O problema de ser humano. São Paulo: Pioneira, 1967.

Referências Bibliográficas

SELIGMAN, Martin E.P. *Felicidade Autêntica*: Usando a nova psicologia positiva para a realização permanente. Rio de Janeiro: Objetiva, 2004. 1ª edição.

WHITMORE, John. *Coaching para Aprimorar o Alto Desempenho*: Os princípios e práticas de coaching e da liderança. São Paulo: Clio Editora, 2012.

WHITMORE, John. *Coaching para Performance*. Rio de Janeiro: Qualitymark, 2006.

Anexo

COMPETÊNCIAS PRINCIPAIS — ICF

As onze competências principais em coaching foram desenvolvidas para possibilitar a maior compreensão sobre as habilidades e abordagens usadas atualmente na profissão de coach, conforme definido pela ICF. Elas também irão oferecer apoio para equilibrar o nível de semelhança entre o treinamento específico em coaching e o treinamento que você vivenciou.

Finalmente, essas competências foram usadas como fundamento para o processo de exame para o Credenciamento à ICF. As principais competências foram agrupadas, de acordo com a proximidade entre elas, em quatro grupos logicamente baseados no modo com o qual se vê, mais comumente, as competências de cada grupo. Os agrupamentos e as competências individuais não têm peso — eles não representam qualquer tipo de prioridade, são apenas fundamentais ou muito importantes para qualquer coach competente.

A) ESTABELECENDO OS FUNDAMENTOS

1. Cumprindo as Diretrizes Éticas e Padrões Profissionais.
2. Estabelecendo o acordo de coaching.

B) COCRIANDO O RELACIONAMENTO

3. Estabelecendo confiança e intimidade com o cliente.
4. Presença em coaching.

C) COMUNICANDO-SE DE MANEIRA EFETIVA

5. Escuta ativa.
6. Questionamento instigante.
7. Comunicação direta.

D) FACILITANDO O APRENDIZADO E RESULTADOS

8. Criando conscientização.
9. Desenvolvendo ações.
10. Planejamento e definição de metas.
11. Gestão de progresso e responsabilização.

A) ESTABELECENDO OS FUNDAMENTOS

1. Cumprindo as Diretrizes Éticas e Padrões Profissionais: A compreensão da ética e dos padrões em coaching e a habilidade de aplicá-los apropriadamente em todas as situações de coaching.

    a. Compreender e demonstrar em seus próprios comportamentos os Padrões de Conduta ICF (veja a lista, na Parte III do Código de Ética da ICF).

    b. Compreender e seguir todas as Diretrizes Éticas ICF (veja a lista).

    c. Saber comunicar claramente as distinções entre coaching, consultoria, psicoterapia e outras profissões de apoio.

    d. Orientar o cliente sobre a necessidade de buscar outro profissional de apoio, sabendo quando isso é necessário e quais os recursos disponíveis.

2. Estabelecendo o acordo de coaching: Habilidade de compreender o que é necessário na interação específica de coaching e chegar a um acordo com o novo cliente sobre o processo e relacionamento de coaching.

    a. Compreender e discutir de maneira eficaz com o cliente as diretrizes e os parâmetros específicos do relacionamento de coaching (isto é, logística, preço, programação, inclusão de outras pessoas, caso seja adequado).

b. Chegar a um acordo sobre o que é e o que não é apropriado no relacionamento, o que está e o que não está sendo oferecido e sobre as responsabilidades do cliente e do coach.

c. Determinar se existe uma correspondência entre o seu método de coaching e as necessidades do cliente em potencial.

B) COCRIANDO O RELACIONAMENTO

3. Estabelecendo confiança e intimidade com o cliente: Habilidade de criar um ambiente seguro, de apoio, que produza respeito e confiança mútuos continuamente.

   a. Mostrar preocupação genuína pelo bem-estar e futuro do cliente.

   b. Demonstrar continuamente integridade, honestidade e sinceridade.

   c. Estabelecer acordos claros e manter promessas.

   d. Demonstrar respeito pelas percepções, pelo estilo de aprendizagem e pela maneira de ser do cliente.

   e. Fornecer apoio contínuo e encorajar novos comportamentos e ações, incluindo aqueles que envolvam riscos e medo do fracasso.

   f. Pedir permissão ao cliente para trabalhar no coaching áreas novas ou sensíveis.

4. Presença em coaching: Habilidade de ser totalmente consciente e criar um relacionamento espontâneo com o cliente, empregando um estilo aberto, flexível e confiável.

a. Estar presente e ser flexível durante o processo de coaching, conforme o momento.

b. Usar a sua própria intuição e confiar no conhecimento interior da pessoa — deixar que as coisas aconteçam de maneira natural.

c. Estar aberto para o desconhecido e para lidar com riscos.

d. Ver muitas formas de trabalhar com o cliente e escolher no momento qual a mais eficaz.

e. Usar o humor de maneira eficaz para criar leveza e energia.

f. Ter confiança para mudar a perspectiva e experimentar novas possibilidades para a sua própria ação.

g. Demonstrar segurança ao trabalhar com emoções fortes, poder se autocontrolar e não ser dominado ou se deixar envolver pelas emoções do cliente.

C) COMUNICANDO-SE DE MANEIRA EFETIVA

5. Escuta ativa: Habilidade de focar completamente o que o cliente está dizendo e o que ele não está dizendo, entender o significado do que é dito no contexto dos desejos do cliente, e dar apoio para que ele se expresse.

   a. Estar presente para o cliente e para a agenda dele, e não na agenda do coach para o cliente.

   b. Ouvir as preocupações, metas, valores e crenças do cliente sobre o que é e sobre o que não é possível.

   c. Distinguir entre as palavras, o tom de voz e a linguagem do corpo.

   d. Resumir, parafrasear, repetir, devolver (espelhar) o que o cliente falou para garantir clareza e entendimento.

   e. Encorajar, aceitar, explorar e reforçar a expressão de sentimentos, percepções, preocupações, crenças, sugestões etc. por parte do cliente.

   f. Integrar e construir a partir das ideias e sugestões do cliente.

   g. "Ir para a última linha" ou compreender a essência da comunicação do cliente e ajudá-lo a chegar diretamente ao ponto, em vez de envolver-se em longas histórias descritivas.

h. Permitir que o cliente expresse ou "clareie" a situação sem julgamento ou sem se prender para poder seguir adiante.

6. Questionamento instigante: Habilidade de fazer perguntas que revelem as informações necessárias para o benefício máximo do relacionamento de coaching e para o cliente.

    a. Fazer perguntas que reflitam a escuta e compreensão ativa da perspectiva do cliente.

    b. Fazer perguntas que evoquem a descoberta, o insight, compromisso ou ação (por exemplo: aquelas que desafiem os pressupostos do cliente).

    c. Fazer perguntas abertas que criem maior clareza, possibilidades ou novos aprendizados.

    d. Fazer perguntas que façam o cliente se mover em direção ao que ele deseja, e não perguntas que façam o cliente se justificar ou olhar para trás.

7. Comunicação direta: Habilidade de comunicar-se com eficácia durante as sessões de coaching e de usar linguagem que tenha o maior impacto positivo no cliente.

    a. Ser claro, articulado e direto ao compartilhar e fornecer feedback.

b. Reconstruir e articular para ajudar o cliente a compreender a partir de outras perspectivas o que ele/ela quer ou está incerto sobre.

c. Afirmar claramente os objetivos, a agenda de encontros, o propósito e as técnicas ou exercícios de coaching.

d. Utilizar linguagem apropriada e respeitosa com o cliente (por exemplo: não machista, não racista, não técnica, sem jargões).

e. Usar metáforas ou analogias para ajudar a ilustrar um ponto ou criar imagens verbais.

D) FACILITANDO O APRENDIZADO E RESULTADOS

8. Criando conscientização: Habilidade de integrar e avaliar com precisão as múltiplas fontes de informação e fazer interpretações que ajudam o cliente a se conscientizar e, a partir disso, atingir os resultados estabelecidos.

    a. Ir além do que é dito ao avaliar as preocupações do cliente, não se deixar levar pela descrição do cliente.

    b. Investigar para maior compreensão, conscientização e clareza.

    c. Identificar para o cliente as suas preocupações subjacentes, formas típicas e fixas de perceber a si mesmo e o mundo, diferenças entre os fatos e a interpretação, disparidades entre pensamentos, sentimentos e ações.

d. Ajudar o cliente a descobrir novos pensamentos, crenças, percepções, emoções estados de espírito etc. para si mesmo, que reforcem as habilidades de realizar ações e alcançar o que é importante para ele.

e. Comunicar perspectivas mais amplas ao cliente e inspirar o compromisso de mudar o seu ponto de vista e encontrar novas possibilidades para ação.

f. Ajudar o cliente a ver os diferentes fatores inter-relacionados que o afetam e afetam seus comportamentos (por exemplo: pensamentos, emoções, aspectos corporais, contexto).

g. Expressar insights para os clientes de maneira que sejam úteis e significativos para eles.

h. Identificar grandes pontos fortes e grandes áreas para aprendizado e crescimento e o que é mais importante para tratar durante o coaching.

i. Pedir para que o cliente faça a distinção entre assuntos triviais e significativos, comportamentos situacionais e recorrentes, quando for detectada uma separação entre o que está sendo dito e o que está sendo feito.

9. Desenvolvendo ações: Habilidade de criar, com o cliente, oportunidades para o aprendizado contínuo durante o coaching e em situações do trabalho/da vida, e praticar novas ações que irão levar de maneira mais eficaz aos resultados estabelecidos no coaching.

   a. Procurar ideias (brainstorming) e ajudar o cliente a definir ações que irão permitir que ele se manifeste, pratique e aprofunde novos aprendizados.

   b. Ajudar o cliente a focar-se e explorar sistematicamente preocupações e oportunidades específicas que sejam centrais às metas estabelecidas de coaching.

   c. Envolver o cliente para que ele explore ideias e soluções alternativas, para avaliar opções e tomar decisões relacionadas.

   d. Promover experiências ativas e autodescoberta, quando o cliente aplicar o que foi discutido e aprendido durante as sessões imediatamente após o seu trabalho ou o seu contexto de vida.

   e. Comemorar sucessos do cliente e capacidades de crescimento futuro.

   f. Desafiar os pressupostos e perspectivas do cliente para provocar novas ideias e encontrar novas possibilidades para ação.

g. Defender ou levar adiante pontos de vista que sejam coerentes com as metas do cliente e, sem ficar preso, envolver o cliente de modo a considerá-los.

h. Contribuir para a tomada de iniciativas por parte do cliente durante a sessão de coaching, fornecendo apoio imediato.

i. Encorajar esforços e desafios, mas também um ritmo confortável de aprendizado.

10. Planejamento e definição de metas: Habilidade de desenvolver e manter um plano de coaching eficaz com o cliente.

    a. Consolidar a informação coletada, estabelecer um plano de coaching e desenvolver metas com o cliente que tratem de preocupações e grandes áreas para aprendizado e desenvolvimento.

    b. Criar um plano com resultados que sejam possíveis de alcançar, de medir, sejam específicos e tenham prazos de cumprimento.

    c. Fazer ajustes nos planos, conforme permitido pelo processo de coaching e pelas mudanças na situação.

    d. Ajudar o cliente a identificar e ter acesso a diferentes recursos de aprendizagem (por exemplo: livros, outros profissionais).

    e. Identificar e estabelecer como alvo primeiros sucessos que sejam importantes para o cliente.

11. Gestão de progresso e responsabilização: Habilidade de manter a atenção no que é importante para o cliente e de deixar com ele a responsabilidade de realizar a ação.

   a. Requisitar claramente do cliente ações que o mova em direção às metas estabelecidas por ele.

   b. Demonstrar acompanhamento; fazer perguntas ao cliente sobre essas ações com as quais ele se comprometeu durante as sessões anteriores.

   c. Reconhecer o cliente pelo que ele fez, não fez, aprendeu ou conscientizou-se desde as sessões anteriores de coaching.

   d. Preparar, organizar e rever de maneira eficaz com o cliente as informações obtidas durante as sessões.

   e. Manter a continuidade entre as sessões com o cliente, concentrando a atenção no plano e nos resultados do coaching, nos cursos de ação estabelecidos e nos tópicos para as próximas sessões.

   f. Focar o plano de coaching, mas também estar aberto a comportamentos e ações de ajuste baseados no processo de coaching e mudanças de direção durante as sessões.

   g. Ser capaz de mover-se para trás e adiante entre o objetivo em direção ao qual o cliente está voltado, definindo um contexto para o que está sendo discutido e aonde o cliente deseja chegar.

Anexo 163

h. Promover a autodisciplina do cliente e mantê-lo responsabilizado pelo que diz que vai fazer, pelos resultados de uma ação que pretende realizar, por um plano específico com prazos relacionados.

i. Desenvolver a habilidade do cliente de tomar decisões, tratar de preocupações-chave e desenvolver a si mesmo (para ter feedback, para determinar prioridades e definir o ritmo de aprendizagem, para refletir e aprender com as experiências).

j. Confrontar de maneira positiva o cliente com o fato de que ele/ela não realizou as ações estabelecidas.

Fonte: https://www.icfbrasil.org/downloads/competencias-principais-da-ICF-2012.pdf

Índice Remissivo

A

abordagem centrada na pessoa
   princípios
      aceitação incondicional positiva, 41
      compreensão empática, 40
      congruência, 40
      tendência atualizante, 39
Abraham Maslow, 28
alto desempenho, 6
ambiente
   níveis lógicos, 32
aprendizados, 111–112
aprendizagem, 41–46
assertividade, 52
atenção, 19
autoconhecimento, 87, 87–89

B

bem-estar
   do cliente, 15
bloqueios, 55, 124
boicote total, 91–93

C

capacidade
   níveis lógicos, 32
Carl Rogers, 39–40
coach
   competências de um, 13
   definição, 7
   grau de presença do, 20
   papel do, 7
   sobre a palavra, 13
coachee
   reclamante, 123–124
   verdadeiro cliente, 123–124
   visitante, 123–124
coaching, 12
   acordo de, 66
   contrato de, 14
   definição, 5
   metodologia, 8
   neurocoaching, 44
   processo de, 6, 9

código de ética, 13
competências, 42, 113–114
   de coaching, 18
   ICF, 18, 151
   reflexões sobre as, 17
comportamentos, 45, 52, 140
comunicação, 117
   direta, 26, 83
   efetiva, 15
   não violenta (CNV), 24–26
      princípios da, 25
conexões, 44–45
conhecimento, 42
consciência, 52
consultoria, 11, 81–82
   consultor, 12
crenças, 54
   impulsionadoras, 49
   limitantes, 49
      ressignificar, 56, 136
   produtivas, 56
curtigrama, 138

D

decepção, 117–118
desempenho, 61–63
desenvolvimento humano, 10, 35–36
direcionamento profissional, 96

E

eficiência mental, 56
emoção, 51–52, 115–116
empatia, 23–25, 72
empoderamento, 27
engajamento, 85–86
entrega, 101
escolhas, 52, 91–92
escuta, 72
escuta ativa, 25
ética, 12
evolução, 62
exercícios, 129–143
exigências da necessidade, 29
experiência mental, 52

F

fases da mudança, 42
   competência consciente, 43
   competência inconsciente, 43
   incompetência consciente, 43
   incompetência inconsciente, 43
finanças, 67–68
foco, 19

H

habilidades, 42
hábitos, 45
hormônios, 51

Índice Remissivo

I
identidade
   níveis Lógicos, 31
imparcialidade, 85–86, 86
imprevistos, 71
impulsividade, 52
insights, 17
inteligência emocional, 52–54
intenções, 19, 77–78
International Coach Federation (ICF), 13–14

J
juízo de valor, 25
julgamentos
   autojulgamento, 26
   baseados em fatos, 56
   em relação aos outros, 74–75

M
mapas mentais, 53
Marilyn Atkinson, 37, 147
medidas de sucesso, 20
medo, 117–118
mentoria, 8, 11
   mentor, 9, 12
metas, 9
modelos mentais, 12
motivação, 27–28
motivadores, 73

N
não julgamento, 25
necessidades de crescimento, 29
   tipos de, 29
neurociência, 42
neuroplasticidade cerebral, 42
níveis de desenvolvimento, 29
níveis lógicos, 31, 99
   ambiente, 32
   capacidade, 32
   comportamentos e ações, 32
   identidade, 31
   modelo, 30
   valores, 32
   visão, 31

O
objetivos, 62, 99, 130
   SMART, 6
orientação, 8
overview, 71

P
perguntas exploratórias, 124–125
planejamento
   financeiro, 103
plano
   de ação, 22, 97
   de desenvolvimento, 141–142
positividade, 56
possibilidades, 36
presença, 25

princípios Ericksonianos, 37
prioridades, 130
probabilidades, 71
produtividade, 61
programação neurolinguística, 37
propósito, 129, 135
protagonista, 6, 12

R

reações
    emocionais, 51
    físicas, 52
realização, 27
relacionamento
    cocriando, 15
responsabilidade, 6, 36
Richard Barrett, 27–28
Robert Dilts, 30
rodas motivacionais, 73

S

sabotador, 130
sentimentos, 51–52
silêncio, 74
SMART, 65–66
soluções, 10, 12
superação, 36

T

terapia, 9
transcrever, 65–66
tratamentos, 79
treinamento, 8

V

valores, 129
    explorando, 27–31
    níveis lógicos, 32
    revendo nossos, 131
    tabela de, 133
Viktor Emil Frankl, 36
visão
    níveis lógicos, 31
visão de futuro, 119–120

CONHEÇA OUTROS LIVROS DA ALTA BOOKS

Negócios - Nacionais - Comunicação - Guias de Viagem - Interesse Geral - Informática - Idiomas

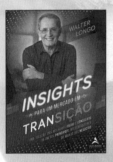   

Todas as imagens são meramente ilustrativas.

SEJA AUTOR DA ALTA BOOKS!

Envie a sua proposta para: autoria@altabooks.com.br

Visite também nosso site e nossas redes sociais para conhecer lançamentos e futuras publicações!
www.altabooks.com.br

/altabooks ▪ /altabooks ▪ /alta_books

ALTA BOOKS
EDITORA

ROTAPLAN
GRÁFICA E EDITORA LTDA
Rua Álvaro Seixas, 165
Engenho Novo - Rio de Janeiro
Tels.: (21) 2201-2089 / 8898
E-mail: rotaplanrio@gmail.com